JN118452

不彌国 経由

プラスムーン

梓書院

はじめに

　本書は、邪馬台国をもっと明確に一般常識化したい、との思いで述べるものです。

　江戸時代の本居宣長等に代表される学者達が研究を重ねておりますが、300 年経過しても場所の特定ができていません。異論を唱える学者が、時が経つにつれ増加した為、異論に惑わされて真実が見えなくなりました。

　九州人の多くは九州説、近畿の多くの人は近畿説といった地元を愛する説に躍起です。それらは、なるべく客観的な事実をもって主張するのですが、学術的・計測的客観データが、主観に結び付けられている為、信頼性が低い。又、最大のネックは、現代の考古学者が名誉心というかプライドを重んじる為、誰もが客観的に納得できる内容だけしか発表しません。

　現代の考古学者の中で、著名な方でさえ、あの説は納得できるものではない、と片づけられるのが考古学の世界です。博物館長等が発表するからには、このような考古学愛好者から、ブーイングを受けたら、現職の地位が危うくな

ります。よって、有名な方程迂闊に自説を発表できないのです。最高の知識を持った方々が、この有様なので、考古学は前に進みません。では、どう打開するか。筆者のような、名誉も何もない愛好家が、自分が信じる発表を行い、賛同者を多く集めるのが良いでしょう。ただし、客観的なデータなしの発表となるので、誰しも「あり得るなあ」と思わせる発表でなければなりません。深い知識が無くても、いや、有っても人様の心に響くものでなければなりません。

　日本では、古事記・日本書紀が日本で最古の歴史書だと一般常識化されていますが、考古学愛好者達は全くそう思っていません。

　いわゆる記紀は、八世紀に作成されており、日本人は、中国の漢字伝来により、歴史書を初めて作成した、とは思っておらず、日本や倭以前の縄文時代から日本の歴史書が存在していたと考えています。

　例えば、学校で学んだ縄文人は、木の実や狩猟で生活を営んでいた。と学習しました。西暦 2000 年超え位から、新しい考古学説が生まれてきており、学校で学んだ考古時代は何だったのだという新しい発表が出てきています。これらは、学位とか著名な方ではありません。前述のように、ある程度地位や身分がある方達は、身分低下に繋がること

はしません、いや、出来ません。

　それらを打ち破る無名な方の学説が多く出るようになりました。これが滅法、頷ける内容が多い。具体的には、DNAを根拠とした突飛な説を展開し、古い考古学者の度肝を抜いています。これからの数年後、多くの歴史資料が塗り替えられるでしょう。そんな主旨で、本書を作成致しました。

2023年　10月　1日

プラスムーン

目　次

第1章「邪馬台国 概要」

　邪馬台国は、西暦200年頃の日本の事です。その頃の中国は大変偉大でした。別段、西暦200年頃が、日本の始まりとは申しておりません。ただ、歴史書に残る限り、日本の初期です。

　昔の中国では、国の王が滅びると、新しい王が前の王の歴史を書き残す習慣が有りました。前の王の事ですから、良いことを誇張したり、悪いことを誇張する事なく、忠実に歴史として書き残しました。

　後漢書というものが有りますが、古代史を研究している方には、必須の書となっています。

　後漢書曰く（巻85　東夷列伝第75）、建武中元2年（57年）倭奴国奉貢朝賀、金印を印綬。

　これが「漢委奴国王」の金印です。その後の日本の記録も残されています。後漢書曰く（巻85　東夷列伝第75）、安帝永初元年（107年）"倭国王"師升等生口160人を献上して謁見を願い出た。生口とは奴隷の事です。今でも、エーイ、煮るなり、焼くなり好きにしやがれえ。と言います。この時代は、本当に、人を煮たり、焼いたりして、食べていたのです。その奴隷です。

　これ等は、史実として信頼して良いと考えます。この後、邪馬台国が出てきます。それが、魏志倭人伝と呼ばれてい

る物です。ただし、魏志倭人伝という書物は無い。「三国志」を書いたものを、魏志と呼び、その中の、東夷伝を魏志倭人伝と呼んでいます。又、今日の三国志は、すべて写本である為、色々な比較検討案が出されています。ちなみに、卑弥呼は西暦238年"親魏倭王"の金印を印綬されました。

　魏・呉・蜀の三国時代に、卑弥呼は、魏を選びました。呉・蜀より魏の方が強大と判断した。ラジオやテレビが無い時代、この判断が出来るからこそ、連合国の女王となれたのです。

　魏志倭人伝を見る限り、九州しか有り得ないと思うのですが、昨今、近畿説を唱える学者が出てきました。筆者には信じられません。古代史の特徴は、誰もが、歴史を主張できる危うさです。その根拠を示せば良いのです。

　ただし、現在、自分の研究にのめり込み過ぎて、事実が見えなくなった歴史研究家が多いのも事実です。名のある古代史研究者は、主張をしません。「こうではないでしょうか」、と言います。名があればこそ、「こうだ！」と言ってくれれば良いのですが、そうは言いません。これが、"邪馬台国とは"という命題が本居宣長の時代から継続されている理由です。古代史は、好き勝手に言っても良いのです。ただ、多くの人々が納得する説を説かねばなりません。

　現時点では、こじつけや思い込みで発表する説が多く、誰もが納得していません。そうした中、筆者は、邪馬台国とは、ヤマト国と呼び、阿蘇山の麓が、邪馬台国であったと主張致します。その資料は、魏志倭人伝からです。それを抜粋して記載します。魏志倭人伝のルートを前置きとして述べさせていただきます。

　古代史では、"里"が問題となっています。数多い説のある古代史研究家の話に騙されずに、グーグル等のマップで確認すれば、誰もが、"里"の距離を判定できます。この状態で、邪馬台国が近畿に有ったと唱える学者がいる事が信じられません。一度、マップを見ながら行程を追いかけて見る事をお勧め致します。納得できる事実が見えて来ると思います。筆者の提案は、これより、邪馬台国は、"阿蘇"である事を述べます。魏志倭人伝では、不彌国まで読み取ることが出来ますが、以下の投馬国・邪馬台国が不明確。

　魏志倭人伝には、次頁の通り記載されています。

　古代史研究家では、東西南北を間違えているという学者がいますが、信じてはなりません。昔の航海人にとって、東西南北は死にもつながり、間違うわけにはいきません。

帯方郡　　1．倭人は帯方郡の東南の大海にある。
　　　　　　　　漢時代より朝貢。30か国。

　　　　　　　7,000里

 狗邪韓国　　2．帯方郡から韓国経由7,000余里で、
　　　　　　　　狗邪韓国に到着。

　　　　　　　1,000里

 対馬　　　　3．海を渡ること1,000余里、対馬国に
　　　　　　　　至る。
南へ

　　　　　　　1,000里

壱岐　　　　4．南に海を1,000余里、一大国（壱岐）
　　　　　　　　に至る。
南へ

　　　　　　　1,000里

 末盧国　　　5．海を1,000余里、末盧国に至る。
南へ

　　500里

　　伊都国　　6．東南へ500里陸行、伊都国に至る。
　　東南へ

　　　　100里

　　　　奴国　　7．東南へ100里、奴国に至る。
　　　　東へ

　　　　　100里

　　　　　不彌国　　8．東へ100里、不彌国に
　　　　　　　　　　至る。

単なるメシの種とは、必須の力が違います。ただ、厳しく
決めつけるのも危険です。南南東を南と言う事も考える必
要が有りますが、大幅に間違うことはありません。

　次に筆者は、1 日の移動距離を考えました。このまま行
けば、日本列島を超え、海のど真ん中にたどり着いてしま
うという学者がいます。筆者はこの話を信じてはいません。

　筆者は、1 日 10 里説を提案致します。倭人は、魏の使
者を敵国近くの邪馬台国に案内しなければなりません。魏
の使者も、敵国に近づく事を理解しておりました。倭人
は問いました。「1 日の移動距離はどのようにしますか？
行けるだけ行きますか？」。魏の使者はこう答えました。「魏
では、治安システムとして、10 里に 1 つの亭や郵（郵便局）
を設けています。郵を兼ねた、亭という役所も有ります。
10 里に 1 つ設けることにより、効率的な治安と連絡網が
執れています。この安全システムから、1 日 10 里が良い
でしょう。1 日 10 里進んだら 1 日の終了とします」

　「では、魏では、1 里はどのような距離になりますか？」
「1 里は 300 歩です」「わかりました」魏の 1 歩は、右足か
ら踏み出し、左足で踏み出したまでの長さで、1.44 m でし
た。ところが、魏の使者と倭人では、体格が相違していま
した。魏の 300 歩と倭人の 300 歩とでは、距離が異なりま

した。魏の1里は、倭人によって、60％近くカットされて
しまった。倭人の1歩は小さく、1.4mが0.8m程になっ
てしまった。わずかな移動を繰り返す事となりました。

　魏の使者もおかしいと感じましたが、敵国方面に進む
のだから、異議を唱えませんでした。10里1郵・1亭は、
魏よりも古い時代から伝承されている、「二年律令」から
の考え方です。ちなみに、江戸への参勤交代の行列も、1
日10里でした。もっとも、この時代の10里は、倭人の考
えた10里ではなく、はるかに遠く移動する距離でした。又、
遠出の旅になる為、徒歩は接待上好ましくない。魏の使者
を邪馬台国へ案内する際、大事なお客様を徒歩というご苦
労をさせる訳にはいきません。遠出の旅は、徒歩よりもマ
イカーで案内するのが良いでしょう。

　マイカーとは船の事です。北九州には大きな川が何本も
有りました。その川が、途中で停滞しては使えません。連
続して邪馬台国近くに行ける川でなければなりません。

　これが、奴国から不彌国へ移動した理由です。不彌国に
は邪馬台国近くまで船で行ける川が有りました。宇美川〜
宝満川〜筑後川〜（投馬国）〜三隈川〜大山川〜蜂巣湖（昭
和に出来た人工湖）と、座ったままで、邪馬台国近くま
で、マイカーで行けます。蜂巣湖からは最後の陸行となり

13

ます。蜂巣湖〜小国町〜南小国町〜大観峰〜邪馬台国（阿蘇）の行程です。結論を申します。

　投馬国＝大分県日田市　　　邪馬台国＝熊本県阿蘇市

　これが筆者の考える邪馬台国です。

第 2 章 魏志倭人伝訳

概要

　魏志倭人伝では、壱岐から末盧国、伊都国、奴国、不彌国までは、大体どこの地か分かっている。しかし、不彌国から投馬国、そして、邪馬台国。このルートがはっきりしておらず、近畿説などいろいろな説を生み出している。本書は、その部分を、明確にし、邪馬台国を決着するものです。

倭人在帶方東南大海之中 依山島為國邑 舊百餘
國 漢時有朝見者 今使譯所通三十國 從郡至倭循
海岸水行 歷韓国 乍南乍東 到其北岸狗邪韓國 七千
餘里 始度一海千餘里至對海（對馬）国 其大官曰卑
狗 副日卑奴母離 所居絶島 方可四百餘里 土地山
險多深林 道路如禽鹿徑 有千餘戸 無良田 食海物自
活 乘船南北市糴 又南渡一海千餘里 名曰瀚海 至一
大國 官亦曰卑狗 副日卑奴母離 方可三百里 多竹
木叢林 有三千許家 差有田地 耕田猶不足食 亦南北
市糴 又渡一海千餘里至末盧國 有四千餘戸 濱山海
居 草木茂盛 行不見前人 好捕魚鰒 水無深淺 皆沉
没取之 東南陸行五百里到伊都國 官曰爾支 副日泄
謨觚柄渠觚 有千餘戸 丗有王 皆統屬女王國 郡使往
来常所駐 東南至奴國 百里 官曰兕馬觚 副曰卑奴母
離 有二萬餘戸 東行至不彌國百里 官曰多模 副日卑
奴母離 有千餘家 南至投馬國水行二十日 官曰彌彌
副日彌彌那利 可五萬餘戸 **南至邪馬壹國 女王之所都**
水行十日陸行一月 官有伊支馬 次曰彌馬升 次曰彌
馬獲支 次日奴佳鞮 可七万餘戸……

（魏志倭人伝より一部抜粋）

16

主要行程

　帯方郡より倭に至るには、海岸に沿って水行し、韓国を経て、南行・東行し、その北岸で狗邪韓国に至る。7,000里余り。

　始めて大海を渡る事 1,000 里で対馬に至る。

　また大海を渡ると、1,000 余里で壱岐に至る。

　さらに大海を渡る事 1,000 里余りで末盧国に至る。

　東南へ陸を行く事 500 里で伊都国に至る。

　伊都国から東南の方角へ行くと、奴国に至る。距離は100 里。

　奴国から東の方角へ行くと、不彌国に至る。100 里である。

　南へ行くと、投馬国に至る。水行で 20 日かかる。

　南へ行くと邪馬台国に至る。水行 10 日と陸行 1 月である。

　帯方郡より女王国に至るまでは、12,000 余里である。

邪馬台国へのルート抜粋

対馬国	狗邪韓国から始めて海を渡り、1,000余里で到着
一大国	対馬国から海を1,000余里で到着
末盧国	一大国から海を1,000余里で到着
伊都国	末盧国から東南500里で到着
奴国	伊都国から東南100里で到着
不彌国	奴国から東へ100里で到着
投馬国	不彌国から南へ20日で到着
邪馬台国	投馬国から南に水行10日と陸行1月で到着

不彌国〔水行始〕宇美川～大宰府～

宝満川～筑後川～筑後川東行～

投馬国（大分県日田市）　～三隈川　～

大山川～蜂の巣湖〔**水行終陸行始**〕～

小国町経由～南小国町～大観峰

～**邪馬台国**（阿蘇温泉病院以南）

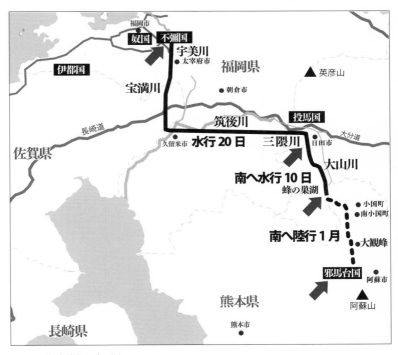

魏志倭人伝訳

　倭人は帯方郡の東南の大海の中にあり、山や島によって国や村を作っている。

　古きより百余国あり、漢の時代に天子に目通りした者あり。通訳を連れた使者が関連する国は三十国である。

　帯方郡から倭へは、海岸沿いに航行し、韓の諸国を経由し、暫くは南行し、更に東行する。その北岸の狗邪韓国に到着するまでは、七千余里となる。ここではじめて、海

19

を渡り、千里ほどで対馬国に到着する。その国の大官は、卑狗（ひく）といい、副は卑奴母離（ひぬもり）という。そこは、絶海の孤島であり、方四百余里。その地は山が険しく、森林が多く、道路は、けもの道のようだ。千余戸の人家があるが、良田が無く、海産物を食べて自活しており、舟に乗って南北に行き、米穀を買い入れしている。又、南行して千余里の海を渡る。この海の名は瀚海（かんかい）といい、一大国（いきこく）に到着する。長官はまた卑狗といい、副官は卑奴母離という。方三百里で、竹林・叢林（そうりん）（やぶや林の事）が多く、三千戸程の家がある。田は少し有るが、それだけでは食を賄いきれない為、又、南北に行き米や穀物を買入れている。又、千余里の海を渡り、末盧国に至る。四千余戸有って、山や海が近い浜沿いに住んでいる。草木が生い茂り、前に進もうとしても、前の人が見えなくなる程だ。人々は魚やアワビを獲っている。水の深さに関係なく、潜ってそれらを獲っている。

　陸上を東南へ五百里行くと伊都国に到着。長官は爾支（じき）といい、副官は泄謨觚（せつぼこ）（シマコ）・柄渠觚（へいきょこ）（ヒココ）という。千余戸の家がある。代々の王がいて、すべて女王国に統属している。帯方郡からの使者が倭国と往来する際、常に入出者を管理している所でもある。伊都国から東南へ百里行くと、奴国に到着する。ここの長官は兜馬觚（シマコ）といい、副官

は卑奴母離という。二万余戸の家がある。そこから東へ百里行くと、不彌国（フミコク）に到着する。その長官を多模（タモ・トモ・タマ）といい、副官は卑奴母離という。千余戸の家がある。そこから南へ水行二十日で投馬国（トマコク・ツマコク）に到着する。長官を彌彌といい、副官は彌彌那利（ミミナリ・ミミタリ）という。五万余戸の家がある。そこから、南へ行くと邪馬台国（ヤマトコク）に到着する。そこは女王の都である。その間、水行十日と陸行一か月かかる。長官は伊支馬（イシマ）、次を彌馬升（ミマショウ）、次を彌馬獲支（ミマカクキ）、次を奴佳鞮（ヌカテイ）という。七万余戸の家がある。

　女王国より以北の諸国では、それぞれ戸数や道里を、ほぼ記載できるが、その他周辺の国々は、遠絶にして明確にできない。次に斯馬国（シマコク）・巳百支国（キハクキコク）・伊耶国（イヤコク）・郡支国（グンキコク）・彌奴国（ミヌコク）・好古都国（コウコトコク）・不呼国（フココク）・姐奴国（ソヌコク）・對蘇国（タイソコク）・蘇奴国（ソヌコク）・呼邑国（コユウコク）・華奴蘇奴国（カヌソヌコク）・鬼国（キコク）・爲吾国（イゴコク）・鬼奴国（キヌコク）・邪馬国（ヤマコク）・躬臣国（キュウシンコク）・巴利国（ハリコク）・支惟国（シイコク）・鳥奴国（ウヌコク）・奴国（ヌコク）がある。これ女王の境界の尽きるところである。その南に、狗奴国（クヌコク）があり、男子が王となっている。長官は狗古智卑狗（クコチヒク・キクチヒコ）である、この国は女王に服属していない。

　帯方郡から女王国迄は、一万二千余里ある。男子は大人と小人の身分の区別なく、顔に入れ墨し、身体に入れ墨し

ている。古来より、中国に使者が参詣し、みな大夫（大臣）
と自称する。夏王朝皇帝の少康の子が、会稽に封ぜられる
と、断髪・文身（身体に入れ墨）して海中の蛟龍の害（サ
メ類のこうりゅう）を避けた。今、倭の漁師たちは盛んに
水に潜って魚や蛤を獲っている。彼らも文身して大魚や水
禽（かもめ等水鳥全般）の害を払いしずめた。今では装飾
的になっている。諸国の文身はそれぞれ異なり、左とか右、
あるいは大とか小だったりする。尊卑による違いも有る。
その道里を計ると、ちょうど会稽郡東冶県（現在の浙江省
から江蘇省にかけての郡）の東にあたる。

　その風俗は淫れていない。男子はみな冠をかぶらず、木
綿を頭に巻いている。

　その衣服は横広の布をただ結び合わせているだけで、ほ
とんど縫っていない。婦人は髪を折り曲げずに垂らしたり、
髷を結ったりしている。衣服は一枚の布で、その中央に穴
をあけ、それを頭からかぶるように着ている。稲や麻を植
え、桑を栽培し、養蚕して糸を紡ぎ、細い絹糸や綿糸、か
とりと呼ばれる、二本の生糸を合わせた糸で、細かく織っ
た絹布を生産している。倭の諸国では、牛・馬・虎・豹・羊・
鵲などがいない。

　兵は矛・盾・木弓を使用し、その木弓は下部が短く、上

22

部が長い。矢は竹で、先の鏃（やじり）には、骨や鉄を使っている。それらは、中国の儋耳郡・朱崖郡と営みが同じである。倭の地は温暖であるから、冬でも夏でも生野菜を食べ、皆はだしで生活している。

　家屋を建て、父母兄弟はそれぞれ別の寝所を持っている。朱（硫化水銀）や丹（酸化鉄）を自分の体に塗っており、ちょうど、中国人が白粉を使うようなものだ。飲食する際、竹や木でできた高坏（たかつき）（うつわ）を使用するが、手づかみで食べる。人が死ぬと、その遺体を納める棺はあるが、槨（ひつぎ）（棺を納める外箱）はなく、土を盛り上げ、塚を作る。人が死ぬと、はじめの十日余りの間は喪に服する。その間、肉を食べず、喪主は号泣し、周りの人々は、そのかたわらで歌舞・飲食をする。埋葬が終わると、喪主の一家は水中に入り、澡浴（そうよく）（身体を洗い清める）する。それはあたかも中国人の練沐（れんもく）のようである。

　倭人が海を渡って、中国と行き来する際、常に、一人が頭髪を梳る（くしけず）（髪の毛をとかして整える）事も無く、シラミを取らず、衣服は垢まみれ、肉は食べず、婦人を近づけず、ちょうど、喪に服している人のようにさせる。これを持衰（じさい・じすい）と言っている。もし航海が吉善（無事）であったなら、人々は彼に貿易で得た生口（奴隷・奴婢）

や財物を与え、もし航海中に疫病・暴風雨に遭ったりすると、持衰は殺される。凶事が起こるのは、持衰が身を謹まなかったからだというのである。

　倭の地では、真珠や青玉を産出する。又、山には丹（赤・朱色系の色）がある。樹木には、柟（楠・くすのき）・杼（どんぐり）・豫樟（くすのき）・樣（ぼけ）・櫪・投・橿・烏號・楓香（かえで）などがある。竹は篠（じょう）・簳・桃支がある。薑（ショウガ）・橘（タチバナ）・椒（サンショウ）・襄荷（ミョウガ）があるが、美味しいのを知らない。また、彌猴（猿）や雉もいる。

　倭人は、行事や旅行、何かを為すときには、骨を焼いて卜い、その吉凶を占う。卜することを告げてよりはじまり、判定は亀卜の法に似ている。亀甲を焼いて生ずる裂け目を見て、その吉兆の兆しを占う。集会で座席の順序やたちいふるまいに、父子・男女の区別が無い。人々は酒を好み、大人に対し尊敬を示す作法を見ると、ただ手を打つだけで、中国の跪拝の礼に相当する。倭人の寿命は、百年、あるいは、八、九十年と長寿である。風習では、国の大人はみな、四・五人の妻を持ち、下戸でも、二・三人の妻を持っている。婦人は淫らでなく、嫉妬しない。盗みもないし、訴訟も少ない。倭人が法を犯したとき、軽い者でも、その妻子

を没収し、重い者はその家族および一族を殺す。尊卑の序列は身分に従った違いがあり、それぞれが臣服している。

ヤマト国には、国民からの租や賦を収納する為の邸閣がある。国々には市場があって、物品を流通させており、大倭にその市場を監督させている。女王国より以北では、特に一大率を置き、諸国を検察させているので、諸国は畏れはばかっている。この一大率は常に伊都国に置かれ、その権限は、国内では、あたかも中国の刺史（州の長官）のようなものである。王が使節を派遣し、魏の都や帯方郡、韓族の諸国に行く際、及び帯方郡から倭国に使節が来る際、すべて、この港で持参する文書や賜物を点検し、確認を受け、女王のもとへ行った際間違いのないようにしている。

下戸が大人と道であった時、尻込みして道端の草むらに入る。下戸が大人に伝言したり、説明したりするときには、うずくまったり、ひざまずいたりし、両手をついて敬意を示す。その時の受けごたえは噫というが、その言葉は中国の承諾の意味のようである。ヤマト国は、もと男子が王であった。七、八十年前から倭国が乱れ、何年もの間国々は互いに攻めあった。そこで、相談の結果、一人の女子を王とした。その名を卑弥呼という。

卑弥呼は鬼道に仕え、うまく人心を眩惑する。女王はか

なりの年齢になっているが、夫がいない。男弟がいて、国政を補佐している。卑弥呼が女王になってから、彼女に会ったものはあまりおらず、侍女千人を侍らせ、ただ一人の男子が飲食を給仕し、女王の言葉を伝える為、その居間に出入りしている。女王の宮殿には、見張り櫓や城柵が、きびしく設けられ、そこには常に兵器を持った人が守衛している。

女王国の東に航海して千余里行くと、また国があり、いずれも倭種である。又その南には朱儒国がある。その国の人の身長は、三、四尺にすぎない。この国は女王国から四千余里もへだてている。又その東南に、裸国・黒歯国があり、船で行けば一年ばかりで行ける。

倭の地を訪れると、倭人たちは他と隔絶した海上の島に住んでおり、その島々もときには途絶え、ときには連なっている。これらの島々をめぐると、五千余里ほどになる。

魏の景初二年（238年）六月には、倭の女王が大夫の難升米らを帯方郡に派遣し、魏の天子に拝謁して、朝見したいと申し出た。そこで、帯方郡太守の劉夏が、役人をつけて、彼らを魏の都へ送り届けた。その年の十二月に、魏の明帝は詔書を発し、倭の女王に次のような返事を書いた。汝を親魏倭王卑弥呼に任命する。帯方郡太守劉夏が使者を遣わ

し、汝の大夫難升米と次使都市牛利とを送ってきた。彼ら
は、汝が献上した男の生口四人と女の生口六人、それに班
布二匹二丈とを奉じて、我が元に到着した。汝ははるか遠
くにいるにもかかわらず、こうして使者を派遣し、貢献し
てきたのは、汝の魏に対する忠孝の表れである。そこで朕
は、汝をたいへん哀しみ、今ここで汝を親魏倭王とし、金
印紫綬を与えよう。これを包装し帯方郡太守に託して、汝
に捧げる。そこで汝は倭人たちを綏んじいたわり、勉めて
我が魏に孝順を尽くせ。汝の遣わした使者難升米と牛利は、
遠路を苦労してやってきた。今その功を認め、難升米を率
善中郎将、牛利を率善校尉とし、銀印青綬を授け、又朕は
彼らを引見し、彼らをねぎらい、賜物を与えて送り返そう。
今また、絳地交龍錦五匹、絳地縐栗罽十張、蒨絳五十匹、
紺青五十匹を与えるが、これらは汝が献上した贈り物に
報いるためのものである。又、これとは別に、とくに汝に
次のものを下賜する。紺地句文錦三匹、細班華罽五張、白
絹五十匹、金八両、五尺の太刀二口、銅鏡百枚、真珠・鉛
丹各五十斤。これらの物はすべて包装して、難升米と牛利
に付託したので、彼らが帰国した際、この記録と照合して
受け取るように。なお、これらのすべての物を、汝の国中
の人々に披露し、魏の国が汝を哀しんでいることをこれら

の人々に知らせなさい。だから、丁重に、汝によいものを与えたのである。

　正始元年（240年）に、帯方郡の太守弓遵が建中校尉梯儁らを派遣し、さきの詔書や印綬をもたせて、倭国に行かせた。そして、この使節は倭王に拝謁して、さきの詔書をさしだし、金帛・錦罽（毛織物）・刀・鏡・采物を贈った。そこで、倭王はこの使節に託して、上表文をたてまつり、魏の斉王の詔書とその恩恵に謝意を表した。

　その四年（243年）に、倭王がまた、大夫の伊聲耆・掖邪狗など八人の使節を派遣し、生口・倭錦・絳青の縑（細かく織った絹布）・綿衣・帛衣・丹・木㺀（㺀の元の字はつちへんではなく、けものへん）・短弓・矢などを献上してきた。掖邪狗ら皆卒善中郎将の印綬を魏王朝から与えられた。その六年（245年）に、魏の斉王は詔を下し、倭の難升米に黄幢（魏の中郎将レベルが掲げる魏の軍旗）を、帯方郡に託して授けた。その八年（247年）に、帯方郡太守の王頎が着任した。倭の女王卑弥呼は昔から、狗奴国の男王卑弥弓呼と不和であった。そこで、女王は載斯烏越らを派遣し、帯方郡に行かせて、狗奴国との攻防の様子を報告させた。そこで、帯方郡は、塞曹掾史の張政等を派遣し、彼らにさきの詔書や黄幢を託して難升米に授けた。ま

た、正式な文書でもって、卑弥呼に魏の立場を告げ諭した。

　卑弥呼が死ぬと、力を合わせて塚を作った。その塚の直径は百余歩（約 150m）もあり、殉葬者には奴婢百余人もいた。卑弥呼の死後、また男王をたてたが、国中が服従せず、その上、互いに殺し合いが続き、このとき千余人が殺されたという。

　そこで再び、卑弥呼の宗女である臺與（「とよ」あるいは「いよ」、生没年不詳）という十三歳の少女をたてて倭王としたところ、国中がやっとしずまった。そこで、張政らが先の文書を示して、臺與に魏の立場を告げ諭した。そこで臺與は、倭国の大夫で卒善中郎将の掖邪狗ら二十人を派遣し、張政らを送り還らせた。掖邪狗らはその際、魏の朝廷（洛陽）に参内し、男女生口三十人を献上、白珠五千孔、青大句珠二枚、異文雑錦二十匹を貢献した。

第3章　奴国王・伊都国王

奴国王

　1 万年から 2 万年以上も長く続いた縄文時代も、約 2,500 年前に日本列島で水稲耕作が普及することによって新時代をむかえ、稲作や金属の使用など新しい文化が開花する弥生時代へと歴史が変わっていきます。この時、福岡平野一帯を支配したのが奴国王でした。

　中国の『後漢書』東夷伝によれば、建武中元二年（57 年）後漢の光武帝に倭奴国が使して、光武帝により、倭奴国が冊封され印綬を授受。金印「漢委奴国王」です。後漢書には、「建武中元二年　倭奴國奉貢朝賀　使人自稱大夫　倭國之極南界也　光武賜以印綬」「安帝永初元年　倭國王師升等獻生口百六十人　願請見」—『後漢書』東夷列傳第七十五建武中元二年（57 年）、倭奴国は貢物を奉じて朝賀した。使人は自ら大夫と称した。

　（倭奴国は）倭国の極南界である。光武帝は印綬を賜った。また、安帝の永初元年（107 年）に倭国王師升らが生口百六十人を献上し、朝見を請い願った（後漢書東夷伝による）。と記載されている。金印は志賀島の金印とも呼ばれ、「漢の倭の奴国王」と呼ばれているが、正しくは、「漢のイド国王」と読むべきと考えています。

金印は中国皇帝から国王に送られる最高権威で唯一の印です。国王の配下の者に金印は贈りません。贈るとしたら、銀印か銅印になります。又、「倭」の文字を避け「委」を使用。よって、漢の倭の奴国王と読めません。漢のイド国王となります。この金印は、西暦57年奴国王が光武帝より拝受も、西暦107年日本初の倭国王は安帝から授けられませんでした。

　倭国王と認定しているのですから、奴国より大国と認めているにもかかわらず、中国皇帝は倭国王に授けませんでした。金印は国に唯一のものですから、2個目は有りません。ここが、イド国王と読む要因です。奴国と伊都国の現地を見ればわかるように糸島付近は、どちらの国にも入ってしまいます。又、中国・倭国共初見参の為十分な知識が有りませんでした。イド地域を含む奴国王という刻印で満足した。委奴国王はイド国と読めるはずです。

　西暦57年頃奴国（須久岡本）は、当時最先端の青銅器の武器を持ち、強い力を持っていた。しかし、西暦107年頃になると、伊都国（平原）は鉄器の武器を手にし、青銅器の奴国を圧倒する力を持った。伊都国は強大な力を糸島付近（現在の九州大学伊都キャンパス付近）を支配した。伊都国も奴国も鉄を入手していたのではないか、と思われ

るでしょう。しかし、伊都国の鉄生産は奴国を圧倒する大工業国でした。この環境下、倭国王は動きました。

　伊都国王「我こそ“漢委奴国王”の金印を持つのに、相応しい。よこせ！」

　奴国王「イヤじゃ！　この金印は、我が先祖伝来の宝物。易易と渡すものか」

　強大な伊都国は奴国を攻めた。奴国は逃げた。勿論、攻めてくる反対側へ。そして、志賀島に隠し埋めた。江戸時代に発見され、福岡藩黒田家が保管。この金印は永く、偽物扱いでした。

　金印のつまみが、蛇だった。これ迄、亀のつまみやラクダのつまみが通例で、蛇のつまみは中国からの出土例にはなかった。最近になって、中国テン王の墓から蛇のつまみの金印が発見されました。形状・成分が同一だった為、本物と認定され国宝となりました。皇帝の所在から南の国には蛇のつまみが習わしでした。

伊都国王

　伊都国は博多湾の西にある糸島半島周辺に存在。北九州沿岸の諸国を支配していた。奴国の西に在り、伊都国の西には末盧国が有る。これらは独立した集団を保っていた。

　後漢書に、「永初元年（107年）倭国王師升（すいしょう）等、生口160人献じ、願いて見（まみ）えんことを請う」とある。この時、後漢の王は安帝の時代。倭国王師升が出てきます。西暦57年の奴国王の時には、倭国王の言葉は有りませんでした。しかも、師升等と記載されています。倭国王以下数名の連合した王が朝貢したようだ、との解釈になります。

　生口160人からしても、一人の王では準備できない数です。複数の王が朝貢したのだという事がわかります。奴国王が金印を授受した頃は、どの国も平和に過ごした。争いが出来なかったのです。

　奴国王が仲裁し、その指導に従わない場合、奴国王は漢に申告し、漢の出兵依頼をする。これにより、争いを起こせば、奴国王の一声の元、漢の兵と戦わなければならない。無論、敵わない相手ですので、奴国王が金印授受後の50年間は、平和な時が流れた。しかし、西暦107年後、伊都国王は行動を起こした。

　「私伊都国王は、皆様方を代表する王であると自負して

おります。そこで、皆様方と連合して、朝貢し、倭国王の金印を戴きたいと考えている。倭国王と漢より認めてもらいに朝貢したい。ついては、ご同席をお願いしたい」「そんなに倭国王の金印がほしいのか」「奴国王は既に金印を所持しているが、イド国の王の金印で、小さな国だ。私はみな様をまとめる王としての金印を望んでいる。倭の国の倭国王だ。多くの王の支援が有れば、いただけると考えています。皆様方に、ぜひ協力をお願いするものです」「そんなに金印が欲しいなら協力しても良い」。そして連合して朝貢。西暦107年です。

　朝貢して初めて知ったのですが、金印は国に1つ。既に、奴国王に授けているので、2つ目の金印は無い、と宣告されました。伊都国王は激しくショックを受け、帰国してからも、悔しくて悔しくて仕方がありません。

　とうとう、奴国王から金印を奪い取ることにしました。争いでは伊都国が圧倒的に強かったのですが、奴国王も先祖伝来の家宝を奪われてはならないと、「伊都国王に奪われないよう、どこかに隠せ」と指示を出します。

　それを、伊都国王は見つけることができませんでした。奴国王も隠せと言ったものの、場所までは指定していませんから、奴国王も隠し場所がわかりません。そして、結局、

深く隠した志賀島に 1,000 年以上眠ることになりました。

　その後百数十年、卑弥呼に従う伊都国王。この頃の伊都
国王は、罪人同様で亡くなった卑弥呼を深く悲しんでいま
した。

第4章 卑弥呼

卑弥呼

　卑弥呼は、西暦 173 年頃から 248 年頃君臨した倭国の女王。出生不明も、西暦 248 年死去。

　西暦 173 年（233 年説が有力）卑弥呼が新羅に使者派遣。
　（三国志－新羅本紀）

　西暦 193 年　倭人が飢えて食を求め、千人も新羅に渡った。

　西暦 208 年　倭軍が新羅に攻め入ったが、阻まれる。

　西暦 232 年　倭軍が新羅に攻め入ったが、新羅王に阻まれ、倭兵千人が死去・捕虜となった。

　西暦 233 年　倭軍が新羅に攻め入ったが、新羅の干老の策にハマり、全滅。

　西暦 238 年　難升米を魏に派遣し、魏から親魏倭王の仮金印と銅鏡 100 枚を授与。

　西暦 240 年　魏の使者が倭国へ訪れ、親魏倭王の金印と詔書を拝受。

　西暦 243 年　魏へ派遣した太夫が、率善中郎将の印綬を受けた。

　西暦 245 年　魏は難升米に、黄幢を授与。

　西暦 247 年　魏は張政を倭に派遣し、詔書・黄幢を授与。

3月24日皆既日食。（1回目）

　西暦248年　卑弥呼死去。径100余歩の塚が作られ埋葬。

　9月5日皆既日食。（2回目）

　西暦249年　新羅からの倭国使臣干老を殺す。

　上記の史料が残っている。成人と言わないが、判別つく年齢から70年以上、女王として君臨した。女性として淫らだったり、いい加減だったりしていない、凛とした女性であったと想像できます。

卑弥呼の背景

　卑弥呼が魏に使者を派遣した頃の状況について述べます。この頃の中国は、三国時代の終焉の頃でした。

　魏の曹操と蜀の劉備は既に亡くなり、西暦234年、蜀の再興に趙雲子龍と諸葛亮孔明が躍起になっていた最中、諸葛亮孔明が五丈原の戦いで倒れ、南方の呉の孫権もかろうじて勢力を保っていました。こんな中、魏は、北方の勢力を抑え、勢力を誇っていました。

　しかし、朝鮮半島南部の支配動静が芳しくありませんで

した。そんな状況で、卑弥呼は魏に使者を送ったのです。

　テレビやラジオが無い時代に、素晴らしいタイミングでした。魏の明帝は、女王卑弥呼の使節を大いに歓迎しました。朝鮮半島を挟み撃ちできる友を得て、大いに喜んだのです。

　これにより、卑弥呼は「親魏倭王」の称号と金印を授かったのです。この偉業で、倭国の連合国の王たちは、卑弥呼に対して絶対の信頼を抱くことになりました。

卑弥呼の誘い

　魏志倭人伝は、魏の使節が倭国に来た記録です。中国は今も昔も、中国が1番の国です。属国の倭国という、背が低く醜い国の誘いで、「いいよ。倭国へ行くよ」にはならない国柄・誇りが有りました。

　なぜ卑弥呼の誘いに乗ったのでしょうか。

　これは、中国の歴史書が存在し、信頼できる情報源が有った故です。倭国にはそんな文化は有りませんでしたが、中国では、前の皇帝の歴史を記録する習慣が有りました。前の皇帝のことですから、誉めたり、貶したりせず、歴史書

として正しく残し、引き継いでいたのでしょう。これにより倭国の動きを知ることが出来ます。

　西暦57年　建武中元2年、倭の奴国王が後漢に朝貢奉賀。光武帝より「漢委奴国王」の金印下賜。

　注：漢の倭の奴国王と読まれるも、倭ではなく委。

　西暦107年　安帝の永初元年、自らを倭国王と称する倭国王師升ら、後漢の安帝に生口160人献上。

　西暦240年　魏の使者が倭国訪問、詔書・「親魏倭王」印拝受。

　昔より中国歴史書に記載される親魏国、中国皇帝から金印を贈る国、三国時代に魏の優勢を見た卑弥呼に興味を持ち訪問。

　筆者は、卑弥呼こそ、後の天照大神であると主張します。ただ、径100余歩の墓は嘘だと思っています。大国の王ならば理解できるも、卑弥呼は連合国の女王に過ぎない1小国の女王の為、戦時中に、大きな墓を作ったとは思えません。これは、支援してくれる魏に対し、そう報告せざるを得なかった、と考えています。

　卑弥呼と魏の関係は深く、卑弥呼亡き後も、魏の支援が必要でした。その為に、卑弥呼の墓は設けなかったとは言えな

かったのではないでしょうか。

　卑弥呼が死ぬ数年前から、女王としての気質は揺らいでいました。若い頃の神懸かり的なことも感じられなくなっていました。周りの者も、どうも、最近の卑弥呼は的外れだ…と感じていました。そこへ、西暦247年と248年、連続して皆既日食が発生したのです。皆既日食は、皆を不安に落し入れました。連合国の王たちは、卑弥呼に詰め寄りました。

　卑弥呼も高齢になり、自分の霊力が無くなってきていることを自覚していました。そこへ、国の指導力を失う皆既日食が、信じられないことに、2年も連続して起きたのです。

　卑弥呼は死を決意しました。責任をとり、卑弥呼は死にました。墓はありません。このことを伊都国王は、悲しみました。伊都国王は、偉大な卑弥呼の為に、大きくはありませんが墓を作りました。

　今、伊都国王家の中に卑弥呼は眠っています。更に、伊都国王は卑弥呼の偉大さを表現する為、46.5cm大型内行花文鏡を作り、一緒に埋葬しました。これが、三種の神器の八咫鏡となるのです。

　46.5cmは八咫の大きさです。現在、国宝として伊都国歴史博物館に所蔵されています。ただ、誰も八咫鏡とは言い

ません。恐れ多いからです。しかし、筆者はこれが八咫鏡の原型と考えています。

　咫の大きさは、円周の単位で、径１尺の円の円周を四咫としていました。したがって、四咫の２倍、八咫鏡は直径２尺（46cm前後）の円鏡で、平原遺跡の大型内行花文鏡と同じ大きさとなるのです。

　後漢では、一咫は、（2.3cm×８）18.4cmだった為、八咫は147.2cmとなります。大型内行花文鏡は、直径46.5cm。円周＝46.5cm×3.14＝146.1cm。八咫に合致します。

　こんな大きな鏡は、中国でも作っていませんでした。作れないのです。伊都国王の悲しみが、大変大きかった事を表しています。倭国でもかなり難しい製作でしたが、素晴らしい技術で、伊都国王の無理な注文を完成させることが出来ました。後にも先にも、八咫の大きさの鏡は出現していません。

　現在の神器として保存されている八咫鏡は、八咫の大きさではありません。よって、八咫鏡とは言えないのです。ただ、現存する三種の神器の八咫鏡は、長年に亘り、代々引き継がれており、否定するものではありません。

　次に、八尺瓊勾玉（やさかにのまがたま）は卑弥呼が着用していたのです。

　八尺は約140cmで、八尺自身、大きい・長いという意味

で使われていました。瓊勾玉は、赤い玉の意味で、メノウを使用していました。

　天照大神が岩戸隠れした際に、天照大神を呼び戻すために飾られた勾玉といわれています。又、草薙の剣ですが、素戔鳴尊が八岐大蛇を退治した際、大蛇から取り出し、天照大神に献上した剣です。

　天照大神＝卑弥呼には、献上された剣・八咫鏡・八尺瓊勾玉の三種の神器が揃っています。この三つは"剣璽"と呼ばれ、日（陽）を表す八咫鏡、月（陰）を表す八尺瓊勾玉、これ等の璽に剣を合わせて、剣璽と呼ばれ、三種の神器とされています。

　古事記曰く、伊弉諾尊（神武天皇の７代先祖）と伊邪那美の間に、天照大神・月読の尊・素戔鳴尊の３人の子が産まれた、とあります。この３人が、三種の神器に重なります。

　天照大神：陽を表す八咫鏡：卑弥呼

　月読の尊：月を表す八尺瓊勾玉：存在を表現するのみ

　素戔鳴尊：武を纏める草薙の剣：卑弥呼の弟（世話役）

　卑弥呼の最期は哀れでしたが、凛とした姿・想像を超えた長期に亘る倭国運営・その働きが出来た長寿。連合国の

王たちは、卑弥呼を称えていました。

　しかし、魏には事実を告げず、魏の支援を期待していました。連合国の王たちは、卑弥呼に対して申し訳ないと思いながらも、卑弥呼の国は敵地近くである事、連合国の女王ではあるが、1小国の王であった事、末期近くには、不祥事が重なった事、連合国の劣勢が濃厚になってきた事等、連合国葬に値しない状況にあったのです。

　連合国の中で力を持っていた、伊都国王が哀れみ、卑弥呼に感謝する意を含め、墓（塚）を作り、偉大さを後世に残す為の八咫鏡を贈り、安全な伊都国王領地内に眠らせ、ただし、魏には"径百余歩の墓"を貫いた。伊都国王は、真実を口止めし、連合国の王たちは承諾しました。

　筆者は、北九州の民は、口が堅すぎると思っています。皆、卑弥呼の事は口にせず押し黙り、その結果、歴史が閉ざされ、真実の歴史が眠ってしまったのです。

その後

　邪馬台国の卑弥呼が死んだ後、邪馬台国と対立していた狗奴国との最前線基地であった神武に代表される、高千穂

のファミリーが近畿に行きました。高千穂ファミリーは最前線で、狗奴国の侵入を防ぐ、最強の軍団でした。

　しかし、台与（豊）の時代になり、余りにも台与（豊）がだらしない為、邪馬台国連合を見限り、最前線防衛を放棄しました。それと共に、九州を捨て、近畿で一旗揚げる事にしました。

　卑弥呼は、高齢＋霊力減＋２年連続の皆既日食で、肉体的・精神的に死が迫り、その通りになりました。この死に方が良くなかったようで、どうも、惜しまれて死んだのではなく、罪人に近い死に方であったように感じます。

　霊力も弱くなり、占いが当たらないくなったうえに、昼間なのに２年連続、不気味な夜が来た。戦争は負けが続き、最早、誰も卑弥呼を信じなくなっていました。

　北九州の慣習として、秘密ごとは絶対他人には語らない、という固い守りが存在しています。現在のSNSの様に、卑弥呼の結末を他言はしなかったのです。事実が魏に漏れることを恐れ、この時代の倭人達は口をつぐんでしまい、これにより、九州の出来事・卑弥呼は、伝承されなくなったのです。

　魏には、「卑彌呼死去 卑彌呼以死 大作冢 徑百余歩」と報告したものの倭人達は、大規模の墓を作りませんでし

た。狗奴国との戦いで、余裕がなかったのです。

　女王をしっかり葬り、台与（豊）という後継者が、国を守っていると報告するしかなかった。魏に、卑弥呼が女王なのに、罪人に近い扱いで死んだことは報告できませんでした。魏の支援が終着しかねないと思ったのです。

　今、卑弥呼の墓を巡って、箸墓古墳付近で騒いでいますが、それは別人です。北九州一の勢力を誇る伊都国王が、これを悲しみ、卑弥呼を伊都国に眠らせました。伊都国で「卑弥呼の墓ではないか」と思われている小さな墓こそ、伊都国王が偉大な割には、気の毒な最期となった王女を思い悲しみ、作った墓なのです。

　先にも述べましたが、伊都国王は、直径 46.5cm の内行花文鏡を卑弥呼の為に奉納しました。本場中国でも作成できない大きな鏡です。これは、円周が「八咫」となる、この鏡の他に例が無い、いわゆる「八咫鏡」です。国宝となっています。

　まさしく、伊勢神宮のご神体である「八咫鏡」となる内行花文八葉鏡です。　卑弥呼のストーリーはこれで完結し、新たなるストーリである、高千穂の神武ファミリーのストーリーが発生してきます。これは、卑弥呼とは断絶したストーリーとなります。しかし、高千穂ファミリーは、卑

弥呼を天照大神にすることにより、偉大な女王がいたことを、物語として残しました。卑弥呼の下で働いた高千穂ファミリーは、卑弥呼を語らず、神、天照大神に転化させ、偉大さを忘れませんでした。又、邪馬台国は、「ヤマタイコク」とは読まず、「ヤマト国」と読む。これは、偉い学者が、学識をひけらかす為の呼称に過ぎず、偉い学者が言うのだからと、民衆が信じた結果と筆者は考えています。

　魏の人が、なるべく正確に聞き取り、正確な当て字が「やまと」です。「ヤマタイコク」と呼んだ学者たちは、その曖昧さを修正せずにいた為、今日まで「ヤマタイコク」となった、いい加減な呼称が継続されていると考えています。

　実証が難しいのなら、人の心に自然な「ヤマト国」と呼ぶべきだと思います。

　近畿に出た高千穂ファミリーは、九州と同じ「ヤマト国（大和）」を名乗る事になりました。他に、付近の地名も九州と同じ地名を付けていく事となります。異郷の地で暮らす事となった人々の思いが、自然とそうさせたのでしょう。

　一度、九州の地名を見てください。現在の奈良、京都と同じ地名が多い事に気が付いてもらえると思います。

　（例）二上山・京都・奈良・山門（大和）・祇園・住吉大社・伊勢・天香山等

続卑弥呼と邪馬台国

　名のある歴史学者や名誉教授が、世間様に差しさわりの
無い見解を出しています。しかし学者なので、個人的主観
に基づいた事は口にはしません。無名な筆者は彼らと違い、
好き放題、言いたい放題発言する事が出来るのです。勿論、
自分が信じる事をです。いい加減で、でたらめなことを言
うつもりはありませんが、多くの方からは、でたらめとい
う評価を頂くでしょう。そういう事情も踏まえて、卑弥呼
を語りたいと思います。

　邪馬台国の女王卑弥呼は、西暦 188 年頃、北九州の首長
らの合議で、倭国のトップとなりました。どの首長とも懇
意にせず、公明正大な指示が出せる、誰もが信頼できる人
でした。卑弥呼が予見する出来事は悉く当たっていて、賛
同できる人物であるとの評価を得ていました。

　卑弥呼を補佐する首長等が 30 数名位いました。それま
で、各首長等はお互いに争っており、その争いを抑えるべ
く、卑弥呼を祀り上げたのです。この選択は、各首長の間
で納得のいく擁立で、実際、中立の立場に立った詔を出す
卑弥呼は、トップにふさわしいと思わせました。

　各首長の中でも、最強首長は伊都国の首長でした。伊都国の首長も付き合ってみれば、良い人だと評価され、各首長のまとめ役となったのです。

　卑弥呼の擁立で北部九州は平和な時代となりました。では、卑弥呼はどこの国から来たのでしょう。筆者は、卑弥呼は北部九州ではなく、中九州の人で、阿蘇山周辺の巫女だと考えています。卑弥呼はその土地の首長の娘ともいわれ、身分の高い巫女でした。阿蘇山周辺の首長が、卑弥呼を推薦し、伊都国の首長を中心に合意された、神懸り的な16歳の少女でした。どんな神懸りかは筆者もいえませんが、各国の首長の耳に届く、信じられない事実が有ったのでしょう。

　卑弥呼擁立の際、その事実を各首長に語り、戦争ばかりしている我々よりも、この神懸り的な少女の指示で各国をまとめてみよう、という気にさせたのです。しかし、訳のわからぬ一少女の指示なんて聞けるものか、という首長もいました。そこで、伊都国の首長が、伊都国を中心にした連合で貴国を封じるが、納得しますかと問い合せたのです。

　渋々、擁立にたどりついた。各首長の間では、上下関係が存在するのですが、卑弥呼の前では、各首長は平等であり、それを犯す一首長がいれば、いかに強大な首長といえ

ども、連合には敵わないのです。

　かくして、卑弥呼の前に北部九州連合は一つとなりました。では、卑弥呼の人間像は、どうだったのでしょうか。体格から述べると、当時の平均身長は148cm位。それに対し、卑弥呼は153cm。決して細身ではないが、太ってはおらず、中肉高背でした。

　周りから見ると存在感が有る体つきでした。補佐する首長等は、155cm位で、太った体格が多かった。卑弥呼は並みいる首長等と引けを取らない体つきでした。

　卑弥呼の容貌は、絶世の美人というわけではありませんでした。目は大きくはなく、やや小さめでしたが、目鼻立ちが整った容貌でした。

　心持ちはというと、冷静さを保った、良く噛み締めてみると、何て心暖かなんだろうと思わせることが出来る人でした。つまり、変なお世辞は言わない。正しき事に厳しく、されど、それを理解していない相手に対しては、そっと救いの手を差し出す、まさに、神懸り的な要素を持った女性だったのです。又、卑弥呼の心根の良さは、各首長達も感じ取れるほどでした。

　自己主張の強い女性ではなく、自らの身を削ってでも、相手の立場に立ち、相手が何事もうまくいくよう動いてい

ました。各首長達は一つ一つのしぐさからそれを感じ取り、卑弥呼を護らなければ、と思いました。首長等の卑弥呼に対する人間像は、一致していました。且つ、皆、首長らしい首長ばかりでした。強きを挫き弱きを助け、苦しみの声に支援をする、まさにヒーローそのものだったのです。かくして、首長等は卑弥呼に全幅の信頼を置いていました。

　その要因の一つが、南九州からの脅威だっでした。近くの者同士争っている場合ではない。鹿児島を中心にした南九州勢は、南国ルートを使った貿易で豊かな国、沖縄・台湾・上海等、国際ルートを作り上げていました。且つ、人材も豊かでしたし、兵も強かった。

　九州は、この北と南の交わる所に、阿蘇山が分断しているので、阿蘇山周辺は、北と南の最前線でした。卑弥呼は阿蘇山周辺の人で、私見を言えば、今の高千穂の人です。高千穂は、南九州の勢力を抑える、北部九州の最前線でした。だから、兵は強かったのです。その後、初代天皇が生じる国となる。しかしそれは将来の話で、今は北部九州連合の守りとしての役目を果たさなければならない。卑弥呼を守る兵たちは、より強かった。

　北部九州の首長から入る諸外国の情報が、逐一、卑弥呼に入るようになっていました。卑弥呼は鬼道を使い、己の

感覚を駆使して、各首長に伝達していました。

　そんな中、北部九州連合からの情報が、南九州勢は強い、との声を受け、卑弥呼は、中国と連携し南九州を封じる作戦を企てました。

　卑弥呼は、中国の王から金印を授受し、西暦57年・107年に続き、西暦238年親魏倭王として金印を手にしました。この金印は、北部九州連合を奮い立たせました。しかし、おごっそ達は強かった。

　そんな中、邪馬台国の女王になって60年が経ち、卑弥呼は年老いてしまったのです。もう、昔のような霊感は無くなっていました。年も76歳。限界がきたのです。

　ここで申し上げますが、昔の人は短命だったと思っていませんか。いいえ違います。現代と全く変わりありません。2,000年という短期間では、人間は変わらないのです。卑弥呼も同様です。

　今の、76歳と言えば元気ですよね。昔は劣悪な生活環境で短命だったに過ぎません。心も体も本質的に現代と同じです。ただ、食生活が大きく違い、身長も148cm位でした。当時の中国の使者は、160cmを超える背の高い、且つ、文化も高度でしたので、中国人からは、倭人（小さな人）と呼ばれる事となったのです。

　筆者ごとになりますが、筆者は体の小さな小学生だった頃、大人程の同級生に驚いたことがあります。「何で、こいつでかいのか。」と聞くと、ある大企業の社長の息子だったのです。食べ物が違うのだなあと思ったものです。一代だけでは体格は変わらないが、何代か後には、体格が変わるのではないかと思っていました。

　その中、さすがの卑弥呼も、霊感の衰えには逆らえません。もう、単なる年寄りになってしまった。父の代から引き継ぐ首長達も、卑弥呼の神秘性を疑い始めていました。
　その時代としては、信じられない程、邪馬台国の女王としての在位が長く、そんな中、リーダーとしては部下に不面目の事態が多くなりました。そこへ、2年連続、太陽が日中隠れてしまい、昼間なのに暗黒の世界が出現。この不吉な事象が2年連続して発生したのです。
　信頼を失っていた卑弥呼にとって、決定的な幕引きとなりました。首長等は騒ぎ出します。もうどの首長も卑弥呼を支持しなくなりました。親魏倭王になって10年、西暦248年没す。長きにわたり北部九州をまとめ上げてきたのですが、年には勝てませんでした。
　卑弥呼は没しました。中国の書では、卑弥呼の墓が造ら

れ殉死者の報告が有ります。この時代の中国の書は信頼できると思います。倭国を見ていた中国の使者はそう報告したのでしょう。しかし、中国に報告した内容と、卑弥呼に対する倭の処置は異なっていました。金印を戴く親魏倭王に、粗末な報告をしたならば、中国は倭に何してくるかわかりません。

　中国には、邪馬台国女王としての処理を実施したと報告ました。しかし、倭内部では、もうほとんど相手にされなくなった卑弥呼に、膨大な労力をかける首長はいませんでした。

　南九州との戦いが激化し、油断ならない状況でした。そんな時、大規模な墓を構築するには、労力や引き受ける財政的、防衛的余裕のある首長はいませんでした。

　その中で、首長のまとめ役だった、伊都国王が卑弥呼を憐れみ、卑弥呼を伊都国の祖先がいる土地に円墳で埋葬致したのです。

　現在、噂の墓となっています。しかし、この小さな円墳こそ、卑弥呼の墓なのです。その円墳は、伊都国歴史博物館の近くに有ります。業績偉大のまま卑弥呼が死んだのならば、かなり大きな墓が出来た事でしょう。しかし、人々の信頼を失った、単なる老婆には、それは有りませんでし

た。また、南九州との戦いが激しさを増していましたので、そんな中、のんびりと卑弥呼の大きな墓を作るといった余裕は、各首長にはありませんでした。その気分には、なれなかったのです。

　あの偉大なる卑弥呼は、人々から捨て去られてしまったのです。大きな墓は有りません。ところが、この状況を伊都国王は、見過ごしにはしませんでした。卑弥呼を引き取り、卑弥呼の偉大さを後世に伝えようと働きました。余程、卑弥呼が哀れに思えたのでしょう。

　伊都国王は、卑弥呼の為に小さな円墳の墓を作り、伊都国歴代王の墓の近くに埋葬しました。そして、埋葬する際に、直径46.5cmの八咫の鏡を作り、ともに埋葬したのです。八咫というのは、円周の単位で、径1尺の円の円周を四咫とした。八咫鏡はその倍です。直径2尺（46cm前後）の円鏡が八咫鏡です。八咫の鏡は、本場中国でも作れない立派な鏡です。どれだけ、伊都国王が卑弥呼の死を悲しんだかがうかがえます。

　八咫鏡は、伊都国平原遺跡から出土した大型内行花文鏡です。内行花文鏡は卑弥呼の時代に流行ったデザインの鏡です。伊都国歴史博物館で見る事が出来ます。卑弥呼の伝説は、伊都国から伝承され、後に、天照大神となって、現

代に蘇ってきます。

　決して、伊都国周辺に、アマテラスは出現しません。伊都国は天照大神に従った者で、大事に葬った一首長でした。一般的に魏志倭人伝といわれる書には、伊都国を通過した経緯が有ります。九州本土上陸後、最初に訪れるのではなく、末盧国経由。ワンクッション置くという事は、伊都国の方がより強大だったと、考えられるのではないでしょうか。伊都国経由で奴国に入ります。

　邪馬台国へ行くのに、なぜ、伊都国や奴国よりも小さい不彌国に、中国の使者を連れ込むのでしょうか。伊都国・奴国に比べ、不彌国は田舎なのに、なぜなのでしょう。答えは、楽をして邪馬台国へ行きたいからです。

　長い道のりをテクテク歩いて行ったのでは、大変です。遠路中国から来た来賓を、テクテク歩かせるのは非常識といえます。今だったら、徒歩ではなく、車で移動しますよね。当時は、車が無いので、船で移動する事になります。

　不彌国に行く理由は、大きな川が有り、邪馬台国近くまで船で行ける川が有ったからです。福岡空港近くの宇美川を利用すれば、実現します。宇美川・筑後川を水行して投馬国。投馬国から三隈川を南下し、松原ダムの有る、蜂の巣湖に至ります。ここより陸行へ。小国町経由大観峰から

邪馬台国に入れます。もう阿蘇山の麓に到着しました。不
彌国から邪馬台国近くまで船で行ける事が、不彌国を経由
する理由です。又、西暦57年には金印を受けた国が奴国
です。中国の使者も訪れたかったと思います。

　この中で重要な事は、移動の法則です。中国に2年律令
というものが有ります。魏志倭人伝の移動は、2年律令に
従っている事を、歴史学者は唱えるべきです。好き勝手に
移動するのではなく、取り決めに従って安全に粛々と移動
するのです。

卑弥呼の死 ─まとめ

　卑弥呼は名前ではなく、一般呼称で、貴人女性を姫児（ヒ
メコ）と呼称します。身分の高い、鬼道に優れたお姫様だっ
たと思われます。アマテラスの別名もヒメコと符合します。

　伊勢神宮で身分の高い独身女性が斎王となれるのも、卑
弥呼がモデルだからです。今は斎王とは言わず、祭主です。
長年、猛者共に君臨した倭国女王が死にました。西暦248
年。邪馬台国と対立していた、狗奴国との最前線基地であっ
た神武に代表される、高千穂のファミリーが近畿に行きま

す。高千穂ファミリーは最前線で、狗奴国の侵入を防ぐ、最強の軍団でした。台与（豊）の時代になりましたが、台与（豊）が信頼できず、邪馬台国連合を見限り、最前線防衛を放棄しました。それと共に、九州を捨て、近畿で一旗揚げる事とし、連合各国の絆が乱れました。

　卑弥呼は、高齢＋霊力減＋２年連続の皆既日食で、（１回目：西暦247年３月24日　２回目：西暦248年９月５日　２年連続発生）肉体的・精神的に死が迫り、その通りになりました。どうも、惜しまれて死んだのではなく、罪人に近い死に方であったように推測します。

　客観的事実は全くありませんが、当時の現状の責任をとって、自殺したと考えています。

　霊力減となり、占いが当たらない。昼間なのに２年連続、不気味な夜が来た。戦争は芳しくなく、最早、誰も卑弥呼を信じなくなっていた。女王でもない。北九州の慣習として、秘密ごとは絶対他人には語らない、という固い守りが存在している。現在のSNSの様に、卑弥呼の結末を他言しなかった。

　事実が魏に漏れることを恐れ、この時代の倭人達は、口をつぐんでしまった。これにより、九州の出来事・卑弥呼は、伝承されなくなってしまった。魏には、「卑彌呼死去、

卑彌呼以死 大作冢 徑百余歩」と報告したものの倭人達は、
大規模の墓を造らなかった。敵国・連合国内紛で、余裕が
なかった。

　径100余歩は約150ｍくらいの円墳。戦時中でこんな
大きな塚を造る余裕はありません。径100余歩は約150m
ではなく、1/6 の 25m だ、と唱える方もいらっしゃるが、
魏から認定された倭国女王の墓が25ｍだったら、魏は不
審に思うでしょう。魏からそう思われたら、魏の支援が危
うくなると懸念されました。

　女王をしっかり葬り、台与（豊）という後継者で、国を
守っていると報告するしかなかった。魏に、卑弥呼が倭国
女王なのに罪人に近い扱い状態で、死んだことは報告でき
なかった。魏の支援が終着しかねないと思った。語れなかっ
た。今、卑弥呼の墓を巡って、箸墓古墳付近で騒いでいる
が、別人である。

　北九州一の勢力を誇る、伊都国王が、これを悲しみ、卑
弥呼を伊都国平原に眠らせた。伊都国で「卑弥呼の墓では
ないか」と思われている小さな墓こそ、伊都国王が偉大な
割には、気の毒な最期となった王女を思い悲しみ、造っ
た墓だ。更に伊都国王は、直径46.5cmの内行花文鏡を卑弥

呼の為に奉納した。本場中国でも製作できない大きな鏡です。これは、円周が「八咫」まさしく、伊勢神宮のご神体である「八咫鏡」となる内行花文八葉鏡です。

　伊都国王は卑弥呼の偉大な業績を称えると共に、後世に残るように、又、伊都国王の深い悲しみを卑弥呼に伝え、感謝の意を持って八咫鏡を奉納。卑弥呼のストーリーはこれで完結しますが、新たなるストーリである、高千穂の神武ファミリーのストーリが発生してきます。卑弥呼とは断絶したストーリーとなるのですが、しかし、高千穂ファミリーは、卑弥呼を天照大神にすることにより、偉大な女王がいたことをストーリーとして残していくのです。

　卑弥呼の下で働いた高千穂ファミリーは、卑弥呼を語らず又、邪馬台国は、「ヤマタイコク」とは読まず、「ヤマト国」と読みました。

　卑弥呼亡き後、伊与／台与に引き継がれました。いよかとよ、2つの呼び名が有ります。しかし、現在、いよという女性よりも、豊という女性の方が歴史に出てきます。万幡豊秋津師比売・天豊姫・豊鍬入姫・豊姫といった説です。

　これ等日本側の見解より、とよという呼び名が、卑弥呼の継承者といえるのではないでしょうか。

第5章 事柄について

蜂の巣湖

　西暦57年頃には、蜂の巣湖というのは存在しません。昭和の時代に出現した人造湖です。

　1973年（昭和48年）下筌ダムが完成。その際に生まれた人造湖です。名前の由来は、ダム建設反対派が立て籠ったハチの巣状の監視場所です。ダム建設予定地の右岸に、建設反対派の監視小屋が造られ、反対派住民が常駐し、建設に対し抵抗しました。

　これは、1953年（昭和28年）に発生した大水害がきっかけで、筑後川の下流域でも死者147名、家屋流失4,400戸という戦後最悪の大水害対策として、建設の運びとなりました。1956年（昭和31年）建設省、予備調査開始。

　1957年（昭和32年）住民説明会実施。はじめて自宅が水没することを知らされ動揺しました。また、調査により田畑が荒らされ、水没住民の生活再建や補償の説明もありませんでした。

　これらにより、ダム建設反対と住民が結束し、建設省では「対策委員会を作って抗議してくれ」と言い、説明会は解散。長きに渡るダム建設反対の抵抗が続きました。この時の監視小屋が蜂の巣城と呼ばれ、蜂の巣湖の由来となっ

ています。場所は熊本県阿蘇郡小国町周辺です。

　蜂の巣城紛争をきっかけとして、水源地域対策特別措置法（水特法）が制定されました。筆者はこの小国町に着目しました。邪馬台国ルートの水行から陸行の変換点と考えています。

　現在の地図で、その場所が蜂の巣湖と呼ばれており、弥生時代には無かった、蜂の巣湖を使用しています。

大宰府

　大宰府は7世紀後半に、九州の筑前国に設置された地方行政機関です。

　西暦663年、白村江の戦い以降、大宰府は国防・外交の要所となっており、遣唐使をはじめ大陸に渡る人々を送り出してきました。西暦727年頃、大宰府の長官（帥：そつ）として赴任した大伴旅人は、筑前守であった山上憶良等と交友を深め、数多くの歌を残しました。

　その中でも「令和」の元号を生む、歌を残しています。今なお現存する「二日市温泉」にも入湯し、さらに、宇多天皇に重用され、右大臣にまでなった菅原道真公で有名で

す。しかし、藤原氏との政権争いに敗れ、西暦 901 年、大宰府政庁へ権帥として左遷。その 2 年後に亡くなる。「私は無実だあ」と叫んだ天拝山が近くにあります。

「ダザイフ」は本来、天皇の命令を受けて、地方で政治を行う役人が働く役所でした。奈良や京都と同じく碁盤目のような町割りがなされていた。九州における政治・文化の中心で、国際文化都市です。

天皇の知る大宰府は、当時でも、小さな町ではなく、大きな町と容易に想像できます。経済的にも豊かでした。それは、大都会「奴国」等と交易していたと考えられ、その交通として、海運（船）での交易で、経済的にも裕福だったと思えるのです。弥生時代以降、大宰府は北九州の山奥ながら、交易で発展していきました。

奴国―不彌国―大宰府は川で結ばれ、経済的発展。更に筑後川で、他の多くの国と交易ができました。川で言うのもおかしいのですが、港湾都市を形成していたと思えます。

1 里とは

魏志倭人伝記載の 1 里をどのような距離とするか？

1里の算出

　色々な説が飛び交っていますが、距離は事実で展開すべきと考えます。しかし、距離計で測っている訳では無いので、大雑把です。　土　を考慮すべきですが、魏の使者は学位の高い識者で、書記官も優れていました。よって、時々見る、いい加減な誤りなどは出ないのです。このまま進むと、九州を超え、海の真ん中になる、方角が誤っている、といった事を学者たちが発表しています。

　中国の高度な天文知識からも解かるように、学識の高さは揶揄できない。いい加減な誤りが出るとすれば、知識の浅い現代人側である。魏志倭人伝に記載されている内容を、素直に受け取るべきです。

　以下、魏志倭人伝記載と現在の地図との数字を記します。

地名	魏志記載	現在地図		
対馬－壱岐	1,000 余里	直線で60km程	調整 70	∴1里＝70m
壱岐－末盧国	1,000 余里	直線で50km程	調整 60	∴1里＝60m
末盧国－伊都国	500 余里	70.1km程	調整 75	∴1里＝150m
伊都国－奴国	100 余里	22.2km程	調整 25	∴1里＝250m
奴国－不彌国	100 余里	17.5km程	調整 20	∴1里＝200m

　これらによると、　1里＝60m～250m さらに、これらを平準化、1里＝（70m＋60m＋150m＋250m＋200m）

／ 5 ＝（146）≒ 150m

　これは正確ではないが、大きく誤らない数字として、1
里 ＝ 150m とする。

　又、魏の 1 里は、434m 位でしたが、倭人達は、魏の使
者に聞いたのではと思う。「魏の 1 里は、どれ位ですか？」
魏の使者は「300 歩が 1 里だ」と回答した。「では魏に倣
い倭でも 1 里は 300 歩とします」。倭人の 1 里が明確になっ
た。

　魏の 1 歩は、1.45 ｍになる。しかし、倭人達は自らの
1 歩を元に、300 歩を割り出した。倭人は小さかったの
で、倭人の 1 歩は 0.5m だった。だから、0.5m × 300 歩 ＝
150m　となり、1 里 ＝ 150m とした。

　魏の人も倭人も 1 里 300 歩という数字を正しく実行。し
かし、1 歩に違いが有った。これらより、1 里 ＝ 150m 付
近が正しいのではないだろうか。

　しかし、個人的な見解ですが、海上の 1 里と陸行の 1 里
とでは、違いを感じます。対馬〜末盧国と、末盧国〜伊都
国の魏志記載と現在地図とは距離感が違います。

　水行は、川の流れに乗ったり、逆らったりして進行速度
が変化する。川によっては、流れが速い川だったり、漕ぎ

手の速度で進んだりする。

　陸行も、天気次第で、進行／停止が有りますが、水行も同じことがいえるのです。そうした中、進行速度は、陸行の方が一定と考えてよいと思います。

　水行＝４km／日に対して、陸行＝1.3km／日と、大雑把に倍違う。

　海上の１里の1/2倍が陸行の１里と考える。これで、試算すると、１里＝（140m ＋ 120m ＋ 150m ＋ 250m ＋ 200m）／ 5 ＝（172）≒ 180m。１里＝150m 〜 180m となる＝他者でも説がある、１里＝180m とする。

　よって、行軍は１日10里より、１日1.8kmの移動と考えられるが、実に遅い。

（結果）

１日 10 里＝１日 1.8km　　　１里＝180m 前後換算

　大事な賓客を敵地近くに案内する倭人達は、大連合で多くの守備隊を連れています。余興にも、各芸に秀でた芸人たちを同行させます。食料運搬等、５人位の賓客の為に、１千名近くの移動はスムーズには進行できませんでした。又、航行近くの土地に其々守備隊を配置し、陸上からも護りを徹底しました。

　北九州連合だからこそ出来た守備体制で、失敗すれば連
合や邪馬台国どころか、倭国全体が、中国に飲み込まれる
危険が有りました。倭人達は、緊張しながら、邪馬台国へ
案内しました。

二年律令

　2018年6月に本屋へ行った際、大学の教授が、日本史
の本を出版していました。筆者は日本史全体の知識が無い
為、卑弥呼時代の古代史を読ませていただきました。
　魏志倭人伝の通り進むと九州を超え、海中にたどり着く、
と書いてあり、まるで、3世紀に現代のベンツ車で邪馬台
国へ行ったような書き方をされていたことにショックを受
けたのを、今も覚えています。邪馬台国への行程は、「二
年律令」を知らずして語れない事を伝えたい。

　中国湖北省の張家山にある前漢時代の墓から「二年律令」
が出土。「二年律令」は前漢初期（前186年頃）に作成さ
れた。二年とは、前漢二代皇帝・恵帝没後、その母が摂政
した時代。その中に、十里置一郵、という言葉が有ります。

10里に亭や郵便局を1つ設けるという決め事が記されています。

　漢書の地理志によると、漢帝国は東西9,000余里、南北13,000余里と広大。一人の皇帝が統治するには工夫が必要でした。遠く離れた官吏から素早く指示・報告を入手しなければ国が危うい。10里に亭や郵便局を置くことにより、遠方でも継続して、素早い連絡行動がとれます。だから、一郵便局と言っても郵便業務単一ではありません。

　国の保安業務全般や人馬の休憩、寝所だったり、素早い連絡が取れる安全施設です。警察署・食堂でもありました。

　そこで、「二年律令」の"以郵県次伝"に着目しました。その中の"十里置一郵"が邪馬台国への行程と関連ありと述べるものです。漢字ですので読んだままです。10里に1つの郵を設ける、この郵は亭とも呼ばれ、郵便局・警察署・兵の宿舎・連絡用家畜所等多方面の目的がありました。緊急を連絡する際、10里毎に早馬・人を乗換すれば、断然早くなります。

　これが筆者の主張する"1日10里で進む。10里進んだら、1日の行程終了"魏からの使節は、邪馬台国へ向かう際、敵国近くまで進むことを承知していた為、旅の安全の為、魏の1日10里の行程で進むことにしました。

九州上陸後のルートの意味

　魏の使者は、倭人にとって、非常に大事かつ高貴なお客様でした。邪馬台国への道のりは、囚人を護送するものではありません。又、お客様を安全・快適にご案内しなければならなかったと思えます。更に、邪馬台国は敵地である狗奴国に近づく場所である事も周知の事でした。

　倭人は魏の使者に「1日の移動距離を如何しますか？」と問い合わせし、魏の使者は、「魏の国では、古来より『亭』と呼ぶ治安システムを10里毎に置いています。よって、行程の安全面から、1日10里がよろしいでしょう」と答えたのだと思います。又、“二年律令”によると、広い中国の郵便を効率的に送付する為、10里に1郵を設ける律令が施行されています。亭も郵便を兼務していました。

　当時は、1行程10里の考え方が常識的に使われていたと考えられます。これらにより、急がず慌てず、1日10里の進行が、当然のごとく実施されたと考えられるのです。時代が江戸時代で恐縮ですが、参勤交代の大名行列も1日10里（1里の距離こそ違え、常識的に活用されていた）の進行速度でした。この10里／日が邪馬台国ルートの重要なポイントと思えます。

残距離

残距離

帯方郡から不彌国までの距離は記載が有る。よって、記載の無い、不彌国から邪馬台国までの距離は、引き算で出せます。

帯方郡から女王国 12,000 里 − 帯方郡から不彌国 10,700 里 = 1,300 里

不彌国から邪馬台国 1,300 里で行ける事になる。

① （不彌国から）南へ水行 20 日で、投馬国。

② 南に水行 10 日、陸行 1 月で、邪馬台国に至る。

この①と②があまりにも簡単に書いてある為、邪馬台国を見失っているのではないでしょうか。

本件は、魏志倭人伝に記載されている内容を、忠実に解明する事により不彌国から投馬国、そして邪馬台国のルートを発表するものです。

現代地名

魏志倭人伝に出てくる地名を、現代の地名に置き換える。

1. 対馬国＝対馬

2. 一大国＝壱岐

3. 末盧国＝長崎県松浦市

4. 伊都国＝福岡県糸島市

5. 奴国＝福岡県春日市岡本（須玖岡本）

6. 不彌国＝福岡県粕屋郡宇美町

ここまでが、ほぼ確定されている地名。

7. 投馬国＝現在不明とされている　　（大分県日田市）

8. 邪馬台国＝現在不明とされている　　（熊本県阿蘇市）

ポイント

邪馬台国へのルートを検討するに当たり、次の重要なポイントを提示する。

（重要）

1. なぜ、末盧国から邪馬台国のルートなのか。

2. なぜ、邪馬台国へ行くのに、不彌国からなのか。

3. 不彌国から邪馬台国まで、1,300里しかない事。

（その他）

4. 魏の使者は、邪馬台国と敵対する国の近くまで行く

事を承知していた。

5. 西暦240年頃は、山や川の自然が豊かだった。

6. 邪馬台国へのルートは、邪馬台国連合国では常識化
されていた。

第6章 行程について

1日の過ごし方

　行軍で重要なポイントが、食事の回数です。この頃は、1日2食が一般的。しかし、賓客待遇ですから、1日3食あるいは、1日4食であり、この中で、魏の使者は、魏の天子の使者ですから、倭人達は1日4食の待遇を勧めましたが、「1日4食は四方を治めるという天子の食で、恐れ多いかつ行軍の遅延となる」と、賢明な魏の使者は、1日3食を依頼したと思われます。これらから、1日のスケジュールを予測すると、

時刻	項目
05：00	下人起床
06：00	高級料理人起床
07：00	一般的な起床
08：00	朝食
09：00	行軍開始
10：00	行軍（1時間）
11：00	行軍停止（計2時間）
12：00	昼食
13：00	行軍開始
14：00	行軍（計3時間）
15：00	当日行軍終了（計4時間）
16：00	休息
17：00	夕食

18：00	宴会	
19：00	宴会	
20：00	自由	
21：00	就寝	

　このようなスケジュールが展開したと考えます。又、各国に到着すると、歓迎接待で、行軍停止状態になりますので、大変スローな感じがします。

行軍数

魏	人数	（これらの数字に根拠は無い。筆者の創造です）
正	3 名	
補佐	7 名	
守備隊	30 名	
下人	15 名	計　　55 名
倭	人数	（伊都国王又はその代表が長）
王	3 名	
補佐	6 名	
守備隊	300 名	
下人	60 名	
芸人	60 名	
生口	9 名	計　438 名
		総合計　493 名

　このように配分すると、一行は 500 名程と予測します。

（単なる推測です）。そうすると、水行で使用する船は、1艘10名で50艘必要。20名で25艘。20名以上の船は、水行上無理があったと思われます。こう見ると、一行は30艘以上の船を連ねていたと考えられますので、漕ぎ手（倭の守備隊から）8名＋客6名＝14名／艘　として、500名／14名＝36艘という試算になります。

　行軍を開始しても、実質的な移動距離は稼げなかったと見るのが自然でしょう。

行軍速度

（陸行）

　1日10里を消化するためには、4時間の行軍として、2.5里／時間となります。

　2.5里＝2.5×180m＝450m／時間

　450m／時間×4時間＝1.8km＝10里

（水行）

　投馬国から蜂の巣湖に至るのが、水行10日と言っています。現在地図では、25km（24.26km）はあります。

よって、25km /10 日 = 2.5km / 日（ここでも、「亭」を遵守している。ただし、陸行よりは進行速度が速い）。又、試算された水行速度では、25km /3.6km = 6.9 日 = 7 日となり、2km / 日 ～ 3.6km / 日と進行速度の変動が有ります。

　実際は、10 日も掛からなかったかもしれないのです。移動＋停滞要因を考える必要があります。停滞要因は、例えば雨天、或いは、前日の豪雨による、水量・水流の速さ等が考えられます。いずれにしても、自然相手だから、計算通りに行かないことを考慮し、± を含まなければなりません。

不彌国から邪馬台国への里程

　魏志倭人伝では、帯方郡から邪馬台国までを 12,000 里としています。

帯方郡～狗邪韓国	水行 7,000 里
狗邪韓国～対馬国	渡海 1,000 余里
対馬国～一支	渡海 1,000 余里
一支国～末盧国	渡海 1,000 余里
末盧国～伊都国	東南行 500 里

伊都国〜奴国　　　　東南行 100 里

奴国〜不彌国　　　　東行 100 里

計　10,700 里

12,000 里 − 10,700 里 = <u>1,300 里</u>（不彌国から邪馬台国の里程）

1,300 里 × 180m = 234,000m = 234km残

検証 1

不彌国〜投馬国＝南へ水行 20 日

3.6km／日 × 20 日 = 72km

234km − 72km = 162km残

投馬国〜蜂の巣湖＝南へ水行 10 日

3.6km／日 × 10 日 = 36km

162km − 36km = 126km残

蜂の巣湖〜（小国町経由）〜邪馬台国＝陸行 1 月

126km − 54km = 72km残（余剰）

72km余ってしまうので、12,000 里を 11,000 里とする。

11,000 里 − 10,700 里 = 300 里

（不彌国から邪馬台国の里程）

300 里 × 180m ＝ 54,000m ＝ 54km残

不彌国～投馬国＝南へ水行 20 日

3.6km ／ 日 × 20 日 ＝ 72km

54km － 72km ＝ 18km不足

投馬国～蜂の巣湖＝南へ水行 10 日

3.6km ／ 日 × 10 日 ＝ 36km

－ 18km － 36km ＝ 54km不足

蜂の巣湖～（小国町経由）～邪馬台国＝陸行 1 月

1.8km ／ 日 × 30 日 ＝ 54km

－ 54km － 54km ＝ 108km不足

（結果）

12,000 里では余剰するが、11,000 里だと不足する。11,000 里より上の数字となり、結果的に 12,000 里を使用する事となり、同時に、このルートが魏志倭人伝に記載さ

れたルートである証明にもなります。

詳細ルート

なるべく川沿いを心がけて、徒歩で距離を地図上から割り出してみました。

これ等から算出できた現実の距離と、魏志倭人伝でいっている、大雑把な距離とを考証してみます。

〔不彌国から邪馬台国ルート〕

不彌国～〔水行始〕宇美川～大宰府～宝満川～筑後川～筑後川東行～投馬国（大分県日田市）～三隈川～大山川～蜂の巣湖〔水行終陸行始〕～小国町経由～南小国町～大観峰～邪馬台国（阿蘇温泉病院）

（現在の地図より）

〔水行 20 日〕

宇美～大宰府	5.35km	宇美川
大宰府～常松	12.8km	宇美川
常松～宝満川浄化センター	5.32km	宝満川
宝満川浄化センター～味坂	11.9km	宝満川
味坂～久留米	5.81km	宝満川
久留米～上水道太郎	7.25km	筑後川

上水道太郎〜柴刈小 　　　　　　 9.19km 　　筑後川
柴刈小〜朝羽大橋 　　　　　　　 6.9km 　　筑後川
朝羽大橋〜筑後大石 　　　　　　 10.2km 　　筑後川
筑後大石〜豊後三芳 　　　　　　 14.9km 　　三隈川 　投馬国 　着
　　　　　　　　　　　　　　計 　<u>89.62km</u> 　4.48km／日（水行）

〔水行10日〕
豊後三芳〜水辺の郷おおやま 　　 7.86km 　　大山川
水辺の郷おおやま〜蜂の巣湖 　　 16.4km 　　大山川
　　　　　　　　　　　　　　計 　<u>24.26km</u> 　4.43km／日（水行）

〔水行〕

合計（20日＋10日） 　　計 　113.88km ≒ 114km（3.8km／日）

〔陸行1月〕（ワザと1月を30日と想定）
蜂の巣湖〜小国町 　　　　　　　 9.43km
小国町〜阿蘇温泉病院 　　　　　 26.2km
　　　　　　　　　　　　　　計 　<u>35.63km</u> 　1.2km／日（水行）

（結果）

「水行20日＋水行10日＋陸行1月」
総合計 　149.51km ≒ 150km 　　速度 　2.5km／日

検証3

〔水行 20 日〕検証

宇美〜大宰府	5.35km	宇美川
大宰府〜常松	12.8km	宇美川
常松〜宝満川浄化センター	5.32km	宝満川
宝満川浄化センター〜味坂	11.9km	宝満川
味坂〜久留米	5.81km	宝満川
久留米〜上水道太郎	7.25km	筑後川
上水道太郎〜柴刈小	9.19km	筑後川
柴刈小〜朝羽大橋	6.9km	筑後川
朝羽大橋〜筑後大石	10.2km	筑後川
筑後大石〜豊後三芳	14.9km	三隈川　投馬国　着
計 <u>89.62km</u>	4.48km / 日（水行）	

川の流れにより、５日程早く進行した水行 20 日とは
５日誤差（早い）

〔水行 10 日〕

豊後三芳〜水辺の郷おおやま	7.86km	大山川
水辺の郷おおやま〜蜂の巣湖	16.4km	大山川
計 <u>24.26km</u>	4.43km / 日（水行）	

検証

川の流れにより、3日程遅れて進行し、水行 10 日と
３日誤差（遅い）

〔水行〕

合計（20日 +10日）　　計　113.88km≒114km（3.8km／日）

検証

ほぼ近似値で、1日＝3.6kmでよいとおもわれる。

〔陸行1月〕　（ワザと1月を30日と想定）

検証

蜂の巣湖～小国町　　　　　　　9.43km
小国町～阿蘇温泉病院　　　　　26.2km
　　　　　　　　　　　計　<u>35.63km</u>　1.3km／日（陸行）

1月を30日として、30日－20日＝10日誤差（遅い）

（結果）

検証　　　　　＝水行　32日＋陸行　20日

魏志倭人伝　＝水行（20日＋10日）＝

　　　　　　30日＋陸行　1月（30日）

　神経質な方ならば、ご納得出来ないかもしれません
が、大雑把な検証としては、1里の考え方はよいと
考えます。

「水行20日＋水行10日＋陸行1月」＝

総合計　149.51km

速度（水行 3.6km ／日 ＋ 陸行 1.8km）／2 ＝ 2.7km ／日

検証速度　　119.2km ／3.6km ＋35.63km ／1.8km ＝

水行 33.1 日 ＋ 陸行 19.8 日

魏志倭人伝　　速度　149.51km ／（30 日 ＋30 日）

＝ 2.5km ／日

不彌国の宇美川と宝満川について

　宇美川と宝満川が繋がっておれば、筑後川以降、川の流れで、蜂の巣湖へ自然と到着可能です。しかし、現在、宇美川と宝満川が繋がっている実態はありません。

　宇美川も宝満川も、今でも大きな川です。その両川は大宰府付近で、途切れている現状です。

　西暦 240 年頃であれば、両川は繋がっていただろうと容易に想像できるのですが、現在は、それを証明するのは簡単にはいかない状況です。

　しかし、状況から宇美川と宝満川は、眼の前に近づいています。この両川が重要なポイントと思い、両川について取り上げ、そのルートを、提示したいと思います。

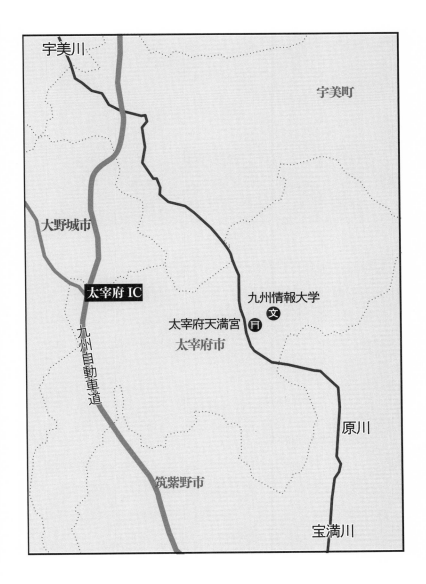

宇美川

宇美町

大野城市

太宰府 IC

九州自動車道

九州情報大学
文

太宰府天満宮
卍

太宰府市

原川

筑紫野市

宝満川

当時の宇美川と宝満川の河川予想（イメージ）

当時の宇美川と宝満川の河川予想

宇美川

　福岡県粕屋郡宇美町を流れている川。源流は、「昭和の森」の奥の難所ヶ滝を源流としている。宇美町～志免町と流れている。

　ルート

北から南へ展開致します。

　にしてつストアレガネット筥松～二又瀬橋～御手洗八幡宮～ユニバ通り～志免町立亀山保育園～日枝～城戸公園～水車橋～やまたい志免店～エステート粕屋～宇美八幡宮北～山渋～正法橋～障子岳南～㈱NIPPO福岡合材工場～㈱

西興太宰府〜北谷運動公園〜日本マグネティックス㈱〜キ
ソキカイ㈱〜太宰府市公文書館（御笠）

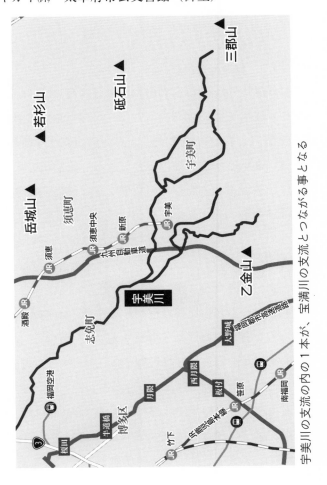

宇美川の支流の内の1本が、宝満川の支流とつながる事となる

　この中で、北谷運動公園付近が、両川の接続になるポイントで、筆者自身は、ここが宇美川と宝満川を結び付けていると考えています。

宝満川
福岡県筑紫野市にある宝満山を源流とする。

　筑後川水系の支流。宝満山は、古くから太宰府と密接に関わった歴史を持つ史跡です。いくつかの支流を合わせ、久留米市、鳥栖市から筑後川へ合流する。宝満川の大事なところは、筑後川と合流している事です。これにより、投馬国へ行ける事となります。

ルート
南から北へ展開致します。

　久留米大学〜小郡市立御原小〜小郡市陸上競技場〜くらし館筑紫駅前店〜相模ゴム工業㈱〜御笠野幼稚園〜上宝満橋〜原〜筑紫女学園大学〜梅大路〜内山入口〜太宰府市公文書館（御笠）

　宝満川は大宰府の御笠で、終結を見る形。しかし、北から宇美川が御笠に流れてきている。この御笠を中継とし、宝満川へ流れが続くことになるのです。

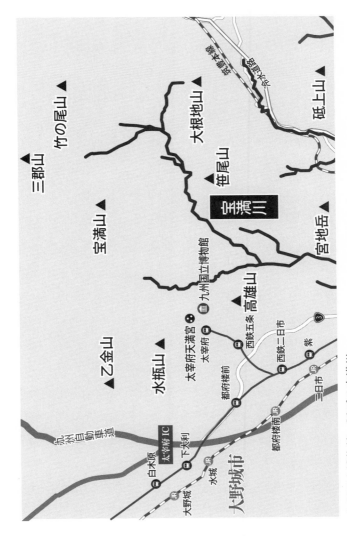

九州国立博物館へ延びる宝満川

宝満橋

宝満川は九州国立博物館の南にある「宝満橋」で左右に分かれています。現在、福岡県の河川図等、右に行くのが宝満川となっており、これでは、宇美川は東へ逃げていき、合流しないのです。しかし、左に行けば、名を「原川」と変え、太宰府迄伸びています。

宇美川もこの太宰府近くに伸びています。この付近の地図を大きくすると、宇美町から太宰府へ大きな川の痕跡を見ることが出来ます。太宰府は現在でも、湿地帯といいますか、貯水箇所が点々としています。これにより、弥生時代には宇美川と宝満川が合流する大きな川が存在し、筑後川に流れていたと考えられるのです。

結論
不彌国から邪馬台国へのルート

末盧国に着いた一行は、邪馬台国へ行くルートを、現在の地図で見ると、大変、効率的なルート選定をしている事に気付きます。末盧国に着いた時点で、連合国各国へ到着を知らせなければなりません。

卑弥呼の時代は、過去に倭国王が存在し、奴国王が金印を戴いていて、魏の使節も、倭国王・奴国王に歴史上、大

変興味が有ったと推察できます。末盧国で倭国王に会う段取りをし、更に、伊都国王と奴国王に謁見したいと申し出る。

　これは、西暦107年倭国王・西暦57年奴国王金印受けと、中国の王との歴史的な繋がりを考慮したもので、必然性が有り、中国の使節の目的の1つだったといえます。奴国を出た一行は、不彌国へと向かいます。

　邪馬台国が熊本県阿蘇市ではなく、他の地域であるならば、末盧国〜伊都国〜奴国〜不彌国のルートは、選択しないでしょう。伊都国は北九州の中でも、勢力が大きい国でしたし、倭国王の国。更に、奴国王に謁見するのも、歴史上ごく当たり前だったと思います。しかし、奴国〜不彌国へ行くルートがなぜ必要だったのか。不彌国のような小国は、他にも有ったはずです。ここは、不彌国へ行くのが、邪馬台国への最短で、安全かつ船で行けると多くの連合国人が利用するルートだったと考えてよいと思うのです。

　陸行で邪馬台国へ行くとなると、大変です。ところが、不彌国には、宇美川という大きな川があって、邪馬台国近くの蜂の巣湖まで船で行ける。陸行で邪馬台国へ行くより、当時のマイカーともいえる船で行くのは自然なことです。連合30か国の人々たちは、それを知っていました。

　蜂の巣湖から邪馬台国までは、陸行となりますが、足が

速ければ、２・３日ぐらいで到着できるでしょう。一度、写真地図を見て頂ければ、どれだけ末盧国から効率よく到着できるか、わかって頂けると思います。

　魏志倭人伝を記録していく魏の客人達は、見知らぬ国で、敵対する国の近くまで行く事を承知していたので、行軍の安全を重視ししていました。 だから、進行速度よりも安全を図るため、魏での「亭」の考え方を、倭人達に要求したのです。「1日10里で行きましょう。魏では、10里毎に治安システムの『亭』を置いています。10里進んだら、1日の移動は終わりとします」。

　現代では、大変のんびりした進行速度ですが、当時は、1日10里が常識であったと思われます。"二年律令"にも10里1郵の律令記載があります。

　もし、蜂の巣湖を経由しないのならば、「不彌国から水行20日で投馬国、投馬国から水行10日、陸行1月」の記録は残せなかったでしょう。もっと、色々な国が出たり、海に出たり、陸行1月では済まなくなると考えられます。

　地図上からも、魏志倭人伝に記載されている邪馬台国は、熊本県阿蘇市であることがいえると考えます。

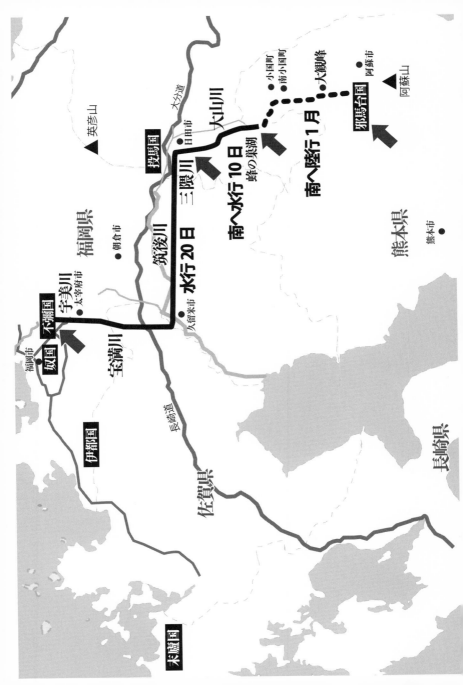

第7章　不彌国から
　　　　邪馬台国へ

末盧国から不彌国経由邪馬台国のルート

　対馬から壱岐、壱岐から末盧国、いずれも 1,000 里と大体同じ距離と記述されています。末盧国は、宗像よりも現在の松浦市付近が自然だと考えます。末盧国から伊都国へ向かうのですが、末盧国にて魏の使節到着を連合国、特に伊都国に連絡、準備を促す受け入れる最初の国です。

　後漢書によると、伊都国は西暦 107 年倭国王〝師升〟等と朝貢した国で、又、西暦 57 年には、奴国王が光武帝より金印を授与。魏の使節が、このような歴史を持つ、伊都国・奴国を訪問するのは、必然的なのです。

邪馬台国へ行くのに、なぜ、不彌国経由なのか。

　遠くへ旅立つ時、徒歩かマイカーか？　と聞かれたら、それはもう、マイカーですよね。労力や時間がかかる徒歩よりも、楽して到着可能なマイカーを選ぶ筈です。しかし、西暦 240 年頃には、マイカーはありません。ですが、当時のマイカーといえる船という手が有ったのです。

　船を充分に使って、目的地に、より近くまで行きたい。座ったままで目的地に行ける。では、船で邪馬台国へ行く手順は有るのでしょうか。

その答えが、不彌国を選ぶ理由です。

不彌国は、邪馬台国へより近くまで運んでくれる、川が有ったのです。

宇美川〜宝満川〜筑後川〜（投馬国）〜三隈川〜大山川〜蜂の巣湖と邪馬台国近くまで、水行という船旅で非常に楽です。

蜂の巣湖からは陸行し、一気に邪馬台国に入ります。

不彌国以外に、一挙に邪馬台国近くまで運んでくれる他国は有りません。これが、魏志倭人伝に記載されている不彌国の理由です。

奴国から不彌国へのルート

一行は、奴国から不彌国に入りました。歓迎式典後、

不彌国〜宇美川〜宝満川〜大宰府〜筑後川〜筑後川東行〜
投馬国〜投馬国南行〜蜂の巣湖〜小国町〜南小国町〜
大観峰〜邪馬台国。

このルートを辿ったと考えています。

第8章 不彌国経由

なぜ、不彌国　経由　邪馬台国なのか

　伊都国王・奴国王に謁見した魏の使者は、邪馬台国に向かう。末盧国は使節受け入れと連合国への連絡、伊都国は倭国王の国、奴国は光武帝より金印を拝受した国、訪問の意味は解ったのですが、朝貢実績の有る伊都国・奴国の大都会に比べ、朝貢実績も無く、千余戸の小さな国である不彌国に行く理由は何だったのでしょうか。

　邪馬台国は遠出の旅路となります。魏の使者を徒歩では失礼でしょう。マイカーでご案内するのが良いでしょう。マイカーとは船の事です。九州連合各国が卑弥呼に合う際利用するルートでもありました。

　現在の福岡県粕屋郡宇美町には、宇美川という川が有り、この宇美川から一気に邪馬台国近くまで水行可能でした。

郵 便 は が き

８１２−８７９０

料金受取人払郵便

博多北局
承認

0612

差出有効期間
2024年8月
31日まで

169

福岡市博多区千代3-2-1
　　　麻生ハウス３F

㈱ 梓 書 院

読者カード係　行

ı|ıılıılıılıʻıılıılıͷ|ıͷıılılıılıılılılılılılılılılı|ıͷılılıılııllı

ご愛読ありがとうございます

お客様のご意見をお聞かせ頂きたく、アンケートにご協力下さい。

ふりがな		
お 名 前	性 別 （男・女）	
ご 住 所 〒		
電　　話		
ご 職 業	（　　　　歳）	

梓書院の本をお買い求め頂きありがとうございます。

下の項目についてご意見をお聞かせいただきたく、
ご記入のうえご投函いただきますようお願い致します。

お求めになった本のタイトル

ご購入の動機
1 書店の店頭でみて　　2 新聞雑誌等の広告をみて　　3 書評をみて
4 人にすすめられて　　5 その他（　　　　　　　　　　　　　　）
＊お買い上げ書店名（　　　　　　　　　　　　　　　　　　　　）

本書についてのご感想・ご意見をお聞かせ下さい。
〈内容について〉

〈装幀について〉（カバー・表紙・タイトル・編集）

今興味があるテーマ・企画などお聞かせ下さい。

ご出版を考えられたことはございますか？

　　・あ　　る　　　　　　・な　　い　　　　　・現在、考えている

ご協力ありがとうございました。

不彌国から邪馬台国へのルート

　一行は、奴国から不彌国に入りました。歓迎式典後、不彌国を出発します。

　不彌国〜宇美川〜宝満川〜大宰府〜筑後川〜筑後川東行〜投馬国（大分県日田市）〜投馬国南行〜蜂の巣湖（水行完了。これより陸行）〜小国町〜南小国町〜大観峰〜邪馬台国。

　このルートを辿って邪馬台国に入り、卑弥呼に謁見しました。

不彌国からのルート

　不彌国は宇美川と須恵川、御笠川と多くの大きな川を持っています。その内、須恵川は山中に消えてしまいますし、御笠川は、筑後川と合流しません。宇美川は今でも多くの支流が見られるため、当時は大きな川であったと思われます。

　筆者の知っている宇美川支流が、何らかの形で絡んでいるように思うのです。時の流れで言えば、小学校入学前、

その支流には川の流れが有りました。しかし、70 年近く
経過した今、川はもうありません。市街開発で水脈が無く
なったのです。逆に言えば、西暦 240 年頃は、自然が豊か
で、溢れる水脈が有ったと考えられます。

　太宰府には、今でも、生き残りの水脈を見ることが出来
ます。太宰府に有るのは、宝満川。宇美川と宝満川が繋がっ
ていた証拠は今はありません。しかし、生き残っている水
脈で、容易に両川が繋がっていた事が理解できるのです。

　宇美川〜宝満川、　このルートが出来れば、邪馬台国は
明確になると考えられます。宝満川を南行すると、筑後川
と合流します。この筑後川がキーポイントなのです。筑後
川は時々話題に出ていますが、なぜか多くが西行し、海に
出ているのです。

　魏志倭人伝では、海と川である水行とは分けて記述され
ています。西行ではなく、筑後川を東行すれば水行ですし、
投馬国（大分県日田市）が出てくるのです。

　投馬国から南行すると記述されているので、三隈川から
大山川、蜂の巣湖へ水行すれば良いのです。蜂の巣湖から
陸行 1 月となっているので、小国町〜南小国町・大観峰を
経由すれば、邪馬台国（熊本県阿蘇市）に到着します。

　記述通りなのです。これらを、まとめて記述します。

（水行）

不彌国～宇美川～宝満川～筑後川東行～投馬国（日田市）

～三隈川～大山川～蜂の巣湖（水行終点）

（不彌国から水行20日）＋（投馬国から水行10日）

（陸行）

蜂の巣湖～小国町～南小国町～大観峰～邪馬台国

（熊本県阿蘇市）到着。（陸行1月）

このルートが魏志倭人伝に記載された邪馬台国

へのルートです。

（結論）

投馬国＝大分県日田市　　邪馬台国＝熊本県阿蘇市

附録　年　表

年　表

年代	出来事
200万年〜1万年前	旧石器時代。
9万年前	阿蘇山大噴火。火砕流が九州の半分を覆う。
1万年前 〜紀元前4世紀	縄文時代。
約1万3000年前	縄文式土器が出現。
約4000年前	土偶を用いた祭祀が盛んになる。
約3500年前	この頃から稲作が始まる。
紀元前5世紀 〜4世紀頃	九州北部で水田稲作が始まる。
紀元前3世紀 〜後3世紀	弥生時代。
紀元前1600年頃	中国で殷が建国。漢字と青銅器を用い始めた。
紀元前770年	中国、春秋時代。儒教・鉄器を用いる。
紀元前660年	初代神武天皇（王朝ウガヤフキアエズの子、五瀬命が長男）
紀元前581年	2代綏靖天皇（神武天皇の子）
紀元前548年	3代安寧天皇（綏靖天皇の子）
紀元前510年	4代懿徳天皇（安寧天皇の子）
紀元前476年	5代孝昭天皇（懿徳天皇の子）
紀元前453年	魏・韓・趙の連合が晋を滅ぼす。
紀元前403年	周王室公認の魏・韓・趙の国建国。三晋。
紀元前392年	6代孝安天皇（孝昭天皇の子）
紀元前386年	斉滅ぶ。
紀元前376年	三晋没落、春秋時代終わり。戦国時代へ。
紀元前300年頃	本州でも稲作が始まる。
紀元前290年	7代孝霊天皇（孝安天皇の子）
紀元前221年	秦の始皇帝が中国統一。倭国でも鉄器が広まる。
紀元前214年	8代孝元天皇（孝霊天皇の子）
紀元前206年	秦滅亡し、漢建国。朝鮮に楽浪郡を置き、支配。 各軍の将による群雄割拠。
紀元前202年	劉邦が項羽を討って、中国統一。旧来の国号、漢を用いる。
紀元前157年	9代開化天皇（孝元天皇の子）
紀元前97年	10代崇神天皇（開化天皇の子）
紀元前29年	11代垂仁天皇（崇神天皇の子、垂仁の子が景行天皇）
9年〜23年	漢滅び、新建国。→新が変革に失敗→再び漢（後漢）建国。
25年	後漢建国。
57年	奴国の王が後漢の光武帝から金印を賜る。
71年	12代景行天皇、子：兄オオウスを殺した弟日本武尊、父に疎まれ、九州征伐。

107 年	安帝永初元年倭国王師升等が生口 160 人を献じ、朝貢。
1 世紀	神庭荒神谷にて、青銅器が大量に埋納される。
131 年	13 代成務天皇
184 年	中国で黄巾の乱発生。
192 年	14 代仲哀天皇・神功皇后
193 年	倭人が飢えて食を求め、千人も新羅に渡った。
208 年	倭軍が新羅に進攻したが、阻まれる。 孫権・劉備連合軍、赤壁で曹操撃破。
220 年	後漢滅亡（前漢・後漢合わせて 400 年漢王朝）。 60 年間に及ぶ三国時代へ。
223 年	劉備玄徳、白帝城で病死。
232 年	倭軍が新羅に攻め入ったが、新羅王に阻まれ、倭兵千人が死去・捕虜となった。
233 年	卑弥呼が新羅に使者派遣。（三国志 - 新羅本紀） 倭軍が新羅に攻め入ったが、新羅の干老の策にハマり、全滅。
234 年	諸葛亮孔明、五丈原にて病死。享年 54 歳。
2 世紀後半	倭国大乱。
238 年（景初 2 年）	邪馬台国の女王・卑弥呼が魏へ遣いを送る。親魏倭王の仮金印。
240 年	魏の明帝、卑弥呼を親魏倭王とし、金印紫綬・銅鏡 100 枚拝受。
243 年	倭王、魏の少帝より印綬を授かる。 魏正始 4 年。太夫が、率善中郎将の印綬。
245 年	魏は難升米に、黄幢を授与。
247 年（正始 8 年）	魏より詔書・黄幢を難升米に託し、檄。 魏正始 8 年。3 月 24 日皆既日食。
248 年	卑弥呼死す。径 100 余歩の塚が作られ埋葬。魏正始 9 年。 9 月 5 日皆既日食。
249 年	新羅からの倭国使臣千老を殺す。
266 年	倭の女王（台与？）遣使し、西晋に朝献。
267 年〜 413 年	中国の史書には倭の関係記事見ず。
270 年	15 代応神天皇
280 年	魏から帝位を取って、西晋が中国統一（短命）→五胡十六国時代、南北朝時代へ。
285 年	漢字が中国から伝わる。
3 世紀末頃	陳寿の撰による歴史書「三国志」完成（魏志倭人伝）。 箸墓古墳が築かれる。
313 年	16 代仁徳天皇
350 年	この頃、大和朝廷が国内をほぼ統一する。
4 世紀頃	沖ノ島の祭祀が始まる。古墳時代。
372 年	百済王が倭王に七支刀を送る。石上神宮蔵。秦⊠ 4 年は西暦 369 年が有力。

年　表

391 年（辛卯年）	倭が帯方地方（百済・新羅）に侵入、勝利。 その後、好太王により大敗喫す。
393 年	倭人が新羅王城を包囲。
399 年	百済・倭は、新羅攻め。 好太王（広開土王）は高句麗王の要請で救援。
400 年	好太王、5 万の大軍を派遣し新羅救援、倭軍退却。 17 代履中天皇（倭王讃）。
402 年	新羅、実聖王元年人質未斯欣王子を倭に送り、通好。
404 年	倭が帯方地方（新羅等）に侵入。好太王により大敗喫す。
406 年	18 代反正天皇（倭王珍）
412 年	19 代允恭天皇（倭王済）
413 年（義熙 9 年）	倭王讃が東晋の安帝に貢物を献上。讃＝履中天皇。
414 年（甲寅年）	好太王（広開土王）碑建立。好太王の子の長寿王が建立。
421 年（永初 2 年）	倭王讃、武帝から安東将軍倭国王の除綬の詔を受ける。
425 年（元嘉 2 年）	倭王讃、宋の文帝へ貢物を献ず。
430 年（元嘉 7 年）	倭王讃？、宋の文帝へ貢物を献ず。
438 年（元嘉 15 年）	倭王讃没し、弟珍、宋に朝献。宋文帝、珍を安東将軍倭国王とする。
443 年（元嘉 20 年）	倭王済、宋文帝に朝献、安東将軍倭国王とされる。済＝允恭天皇。
451 年（元嘉 28 年）	倭王済、宋文帝に朝献、安東大将軍倭国王に進号する。
454 年	20 代安康天皇（倭王興）
460 年（大明 4 年）	倭王済？　宋の孝武帝に貢物を献ずる。
457 年	21 代雄略天皇（倭王武）
462 年（大明 6 年）	宋孝武帝、済の世子の興を安東将軍倭国王とする。興＝安康天皇。
471 年	21 代雄略天皇（ワカタケル大王）が東国の有力者に金錯銘鉄剣を下賜する。
477 年（昇明 1 年）	興没し、弟の武立つ。自らを称す。
478 年（昇明 2 年）	倭王武（雄略天皇か？）が南朝の宋に遣使する。叙正を求める。
479 年（建元 1 年）	南斉の高帝、倭王武を鎮東大将軍に。
502 年（天監 1 年）	梁の武帝、倭王武を征東大将軍に。
507 年	26 代継体天皇元年
522 年（継体 16 年）	39 壬寅　善化
526 年（継体 20 年）	43 丙午　正和
527 年（継体 21 年）	継体天皇（ヤマト王権）は、南加羅等を回復する為任那出兵、新羅攻め。
528 年（継体 22 年）	筑紫国磐井は新羅と共に、ヤマト王権を妨害。 筑紫の国磐井の乱。
529 年（継体 23 年）	磐井の乱後、任那の安羅へ近江毛野を派遣し、新羅との領土交渉。

531 年（継体 25 年）	27 代安閑天皇　48 辛亥　発倒
535 年	28 代宣化天皇
536 年（宣化 1 年）	那津官家修造（現　比恵遺跡）　53 丙辰　僧聴
538 年	仏教が伝来。
539 年	29 代欽明天皇
541 年（欽明 2 年）	58 辛酉　同要
552 年（欽明 13 年）	9 壬申　貴楽
553 年	百済より「暦博士」招聘。
554 年（欽明 15 年）	11 甲戌　結清
556 年	新羅、大伽耶を併合。
558 年（欽明 19 年）	15 戊寅　兄弟
559 年（欽明 20 年）	19 己卯　蔵和
562 年	任那の日本府が滅ぶ。
564 年（欽明 25 年）	21 甲申　師安
565 年（欽明 26 年）	22 乙酉　和僧
570 年（欽明 31 年）	27「庚寅」（寅寅寅）銘金象嵌大刀（鉄剣）。 九州・元岡 G6 号墳。1 月 6 日。金光
572 年	30 代敏達天皇
576 年（敏達 5 年）	33 丙申　賢接
581 年（敏達 10 年）	隋建国。38 辛丑　鏡当
585 年（敏達 14 年）	31 代用明天皇　42 乙巳　勝照
587 年	32 代崇峻天皇。蘇我氏が物部氏を滅ぼす。
589 年（崇峻 2 年）	隋が中国統一。　46 己酉　端政
592 年	33 代推古天皇。飛鳥京約 100 年の始まり。飛鳥時代。
593 年	聖徳太子（厩戸皇子）が摂政となる。大阪に四天王寺建立。
594 年（推古 2 年）	51 甲寅　従貴
600 年（推古 8 年）	新羅 vs 任那戦い、倭国は任那を救援出兵。第 1 回遣隋使派遣。
601 年（推古 9 年）	聖徳太子、斑鳩の宮築造。58 辛酉　煩転
602 年	来目皇子、2 万 5 千の軍を率い、新羅討伐。
603 年（推古 11 年）	小墾田宮（おはりだのみや）遷都。 聖徳太子、憲法十七条制定（12 月）
604 年（推古 12 年）	冠位 12 階制定（605 年から 648 年まで運用）。
605 年（推古 13 年）	2 乙丑　光元　推古天皇、飛鳥大仏造。
607 年	斑鳩寺（法隆寺）が建立される。 小野妹子を隋に派遣（第 2 回遣隋使）。
611 年（推古 19 年）	8 辛未　定居
618 年（推古 26 年）	隋滅亡唐建国、中国統一。　15 戊寅　倭京
620 年（推古 28 年）	聖徳太子・蘇我馬子による「天皇記」「国記」製作。

621 年（推古 29 年）	厩戸皇子（聖徳太子）薨去（こうきょ）。
622 年（推古 30 年）	上宮法皇登遐（とうか）
623 年（推古 31 年）	20 癸未　仁王
626 年（推古 34 年）	蘇我馬子没、蝦夷が大臣。
628 年（推古 36 年）	推古天皇没、厚葬禁止。
629 年（舒明 1 年）	34 代舒明天皇　26 己丑　聖徳
635 年（舒明 7 年）	32 乙未　僧要
640 年（舒明 12 年）	37 庚子　命長
641 年（舒明 13 年）	舒明天皇没。蘇我倉山田石川麻呂が山田寺建立始める。
642 年（皇極 1 年）	35 代皇極天皇即位
643 年（皇極 2 年）	飛鳥板葺宮に遷都。 11 月、蘇我入鹿が山背大兄王襲撃、王は斑鳩寺で自害。
644 年（皇極 3 年）	唐・新羅の同盟。対し、倭国と百済は同盟。蘇我蝦夷・入鹿、 甘樫丘に家建築。
645 年（大化 1 年）	中大兄皇子・中臣鎌足らが、蘇我入鹿を殺害。乙巳の変。 36 代孝徳天皇。
647 年（大化 3 年）	44 丁未　常色　公地公民とする。
649 年（大化 5 年）	謀反の疑いで曽我倉山田石川麻呂が山田寺にて自害。
651 年（白雉 2 年）	12 月天皇が難波長柄豊碕宮に移る。
652 年（孝徳 8 年）	49 壬子　白雉
654 年（白雉 5 年）	10 月難波宮で孝徳天皇没。
655 年（斉明 1 年）	皇極上皇が 37 代斉明天皇として即位（飛鳥板葺宮）。
658 年（斉明 4 年）	孝徳天皇の子、有馬皇子が謀反の疑いで、紀伊藤白坂で処刑 される。
660 年（斉明 6 年）	7 月、倭国と同盟国であった百済が滅亡。
661 年（斉明 7 年）	58 辛酉　白凰
663 年（天智 2 年）	白村江の戦が起こり、唐・新羅連合軍に対し、倭国敗北。
664 年（天智 3 年）	倭国敗北により、倭国内防衛の為、福岡に水城を築造。
665 年	さらに大野城・基肄城（きいじょう / きいのき、椽城）を築造。
667 年	3 月大津京遷都。
668 年	38 代天智天皇。唐・新羅連合軍が高句麗を滅ぼす。
670 年	唐・新羅戦争勃発（唐が約束を反故）。
671 年（天智 10 年）	12 月天智天皇没。39 代弘文天皇。
672 年（天武 1 年）	6 月壬申の乱が勃発する。 大海人皇子が 9 月飛鳥浄御原宮を造る。
673 年	2 月大海人皇子が 40 代天武天皇即位。
676 年	唐・新羅戦争で、新羅が勝利し、朝鮮半島を統一。
680 年（天武 9 年）	11 月薬師寺建立。
684 年（天武 13 年）	21 甲申　朱雀

686 年（天武 15 年）	23 丙戌　朱鳥　9 月天武天皇没。 10 月大津皇子 24 歳謀反の疑い自害。
689 年（持統 3 年）	飛鳥浄御原令の制定（戸籍・班田収授の制が本格的に実施された）。
690 年（持統 4 年）	41 代持統天皇即位。
694 年（持統 8 年）	飛鳥京より藤原京遷都
695 年（持統 9 年）	32 乙未　大和
697 年	42 代文武天皇
698 年（文武 2 年）	35 戊戌　大長
701 年（文武 5 年）	大宝律令制定。この頃、高松塚古墳築。国号を日本とした。 38 辛丑
707 年	6 月文武天皇没。7 月 43 代元明天皇即位。
708 年	和同開珎発行。
710 年	平城京遷都。奈良時代。
712 年（和銅 5 年）	古事記完成。
715 年	44 代元正天皇
718 年（養老 2 年）	薬師寺を平城京へ移転。
720 年（養老 4 年）	日本書紀完成。
724 年	45 代聖武天皇
737 年	藤原四子政権、天然痘の為に崩壊する。
749 年	46 代孝謙天皇　7 月東大寺大仏完成。
752 年	4 月東大寺にて大仏開眼供養が行われる。
753 年	遣唐使、唐で新羅と席次を争う。
754 年	鑑真和上、唐より来日する。
756 年	5 月聖武天皇没光明皇太后が遺愛品・薬物を東大寺に奉献、正倉院納。
758 年	47 代淳仁天皇
759 年 （天平宝字 3 年）	8 月鑑真が唐招提寺建立。
764 年	48 代称徳天皇
770 年	49 代光仁天皇
781 年	50 代桓武天皇
784 年（延暦 3 年）	11 月長岡京遷都。
794 年（延暦 13 年）	10 月平安京遷都。
1185 年	鎌倉時代。
1333 年	建武の新政。
1336 年	室町時代。
1573 年	安土桃山時代。
1603 年	江戸時代。

年　表

1868 年	明治時代。
1912 年	大正時代。
1926 年	昭和時代。
1989 年	平成時代。

おわりに

　筆者は幼い頃、福岡県粕屋郡宇美町炭焼に在住していた。今は無き、国鉄（JR）「筑前勝田駅」（終着駅）が最寄りの駅だった。この駅の近くに、宇美川が流れており、川向こうの広場に行くのに、「橋」が架かっていた。4歳頃、この欄干に身を投げ出し、足元は宇美川、手だけでぶら下がった経験を持つ。ふと思った、このまま下に落ちたら死んじゃうんだぁ。と気づいた途端、大変怖くなった。助けを呼ぶにも人がいない。

　4歳頃の私は決心した。ここでくじけたら私は死んじゃう。是が非でも、よじ登って欄干からの危険を逃れなければならないと。

　そして、自ら橋の上に再度立つことができた。

　現存する「宇美駅」の1つ山奥に、「筑前勝田駅」が有った。そこには「宇美川」があった。しかし、今は無い。

　土地開発で川が無くなってしまった。しかし、70年近く前には、あった川なのだから、2000年以上前は、もっと大きな川であったと想像する。

不彌国の地で、宇美川が有り、宝満川とつながり筑後川
に流れ、久留米迄行く。久留米から東へ行くと、三隈川と
なり、大山川が出てくる。南へ水行となる。魏志倭人伝の
記載と合致する。この思いが、本書発行の原動力となりま
した。

2023 年 11 月 1 日

プラスムーン　

著者紹介

プラスムーン （ぷらすむーん）

1953（昭和28）年 1月、福岡県生まれ。

情報通信業の会社に就職。電電公社 D10型電子交換機
D10LC・D10LM 等、保守・開発支援業務に携わり、
そのまま一社にて定年退職。

主な資格として、電気通信主任技術者第一種伝送交換、
情報通信エンジニア（現在ビジネス更新13回継続中）。

著　書　『金印の行方』
　　　　　2022年　㈱幻冬舎メディアコンサルティング

不彌国経由
ふ み こくけい ゆ

2023 年 12 月 1 日 初版第 1 刷発行

著　者　プラスムーン
発行者　田村 志朗
発行所　梓書院
　　　　〒812-0044　福岡県福岡市博多区千代3-2-1
　　　　TEL：092-643-7075 / FAX：092-643-7095

印　刷　青雲印刷
製　本

装　幀　木村由巳夫（デザインケイアイ）